CONTEÚDO DIGITAL PARA ALUNOS
Cadastre-se e transforme seus estudos em uma experiência única de aprendizado:

1 Entre na página de cadastro:
https://sistemas.editoradobrasil.com.br/cadastro

2 Além dos seus dados pessoais e dos dados de sua escola, adicione ao cadastro o código do aluno, que garantirá a exclusividade do seu ingresso à plataforma.

6782851A3680986

3 Depois, acesse: **https://leb.editoradobrasil.com.br/**
e navegue pelos conteúdos digitais de sua coleção :D

Lembre-se de que esse código, pessoal e intransferível, é valido por um ano. Guarde-o com cuidado, pois é a única maneira de você acessar os conteúdos da plataforma.

CB037158

AKPALÔ GEOGRAFIA

Roseni Rudek
- Licenciada em Geografia pela Universidade Federal do Paraná (UFPR)
- Professora da rede particular de ensino

Lilian Sourient
- Licenciada em Ciências Sociais pela Universidade Federal do Paraná (UFPR)
- Professora municipal por 30 anos

5º ANO
Ensino Fundamental
Anos Iniciais

GEOGRAFIA

Palavra de origem africana que significa "contador de histórias, aquele que guarda e transmite a memória do seu povo".

São Paulo, 2019
4ª edição

Dados Internacionais de Catalogação na Publicação (CIP)
(Câmara Brasileira do Livro, SP, Brasil)

Rudek, Roseni
  Akpalô geografia, 5º ano / Roseni Rudek, Lilian Sourient. – 4. ed. – São Paulo: Editora do Brasil, 2019. – (Coleção akpalô)

  ISBN 978-85-10-07435-3 (aluno)
  ISBN 978-85-10-07436-0 (professor)

  1. Geografia (Ensino fundamental) I. Sourient, Lilian. II. Título. III. Série.

19-26630   CDD-372.891

Índices para catálogo sistemático:
1. Geografia: Ensino fundamental 372.891
Maria Alice Ferreira – Bibliotecária – CRB-8/7964

4ª edição / 2ª impressão, 2024
Impresso no Parque Gráfico da Pifferprint

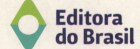

Avenida das Nações Unidas, 12901
Torre Oeste, 20º andar
São Paulo, SP – CEP: 04578-910
Fone: +55 11 3226-0211
www.editoradobrasil.com.br

© Editora do Brasil S.A., 2019
Todos os direitos reservados

Direção-geral: Vicente Tortamano Avanso

Direção editorial: Felipe Ramos Poletti
Gerência editorial: Erika Caldin
Supervisão de arte e editoração: Cida Alves
Supervisão de revisão: Dora Helena Feres
Supervisão de iconografia: Léo Burgos
Supervisão de digital: Ethel Shuña Queiroz
Supervisão de controle de processos editoriais: Marta Dias Portero
Supervisão de direitos autorais: Marilisa Bertolone Mendes

Supervisão editorial: Júlio Fonseca
Coordenação pedagógica: Josiane Sanson
Edição: Gabriela Hengles e Guilherme Fioravante
Assistência editorial: Manoel Leal de Oliveira, Marina Lacerda D'Umbra e Patrícia Harumi
Auxílio editorial: Douglas Bandeira
Apoio editorial: Janaina Tiosse de O. Corrêa
Consultoria técnica: Gilberto Pamplona
Copidesque: Gisélia Costa, Ricardo Liberal e Sylmara Beletti
Revisão: Alexandra Resende, Andréia Andrade, Elaine Silva e Martin Gonçalves
Pesquisa iconográfica: Elena Ribeiro, Erika Freitas e Maria Magalhães
Assistência de arte: Lívia Danielli
Design gráfico: Estúdio Sintonia e Patrícia Lino
Capa: Megalo Design
Imagem de capa: Ljupco/iStockphoto.com, SolStock/iStockphoto.com e yacobchuk/iStockphoto.com
Ilustrações: André Valle, Bruna Assis (abertura de unidade), DAE (Departamento de Arte e Editoração), Dayane Cabral Raven, Estúdio Kiwi, Fabio Nienow, Gutto Paixão, Hélio Senatore, Kau Bispo, Leonardo Conceição, Marcos de Mello, Paula Haydee Radi, Paulo César Pereira e Simone Ziasch
Produção cartográfica: Alessandro Passos da Costa, DAE (Departamento de Arte e Editoração), Sonia Vaz
Coordenação de editoração eletrônica: Abdonildo José de Lima Santos
Editoração eletrônica: Adriana Tami
Licenciamentos de textos: Cinthya Utiyama, Jennifer Xavier, Paula Harue Tozaki e Renata Garbellini
Controle de processos editoriais: Bruna Alves, Carlos Nunes, Rafael Machado e Stephanie Paparella

Querido aluno,

O mundo provoca em nós grande curiosidade. Ele é bastante amplo, repleto de pessoas e de diferentes paisagens, mas também pode ser bem pequeno quando analisamos o espaço de vivência, que pode ser nossa casa ou a rua onde moramos, por exemplo.

Este livro foi escrito para você compreender melhor o lugar em que vive, as paisagens, as pessoas e a maneira pela qual elas se relacionam com o espaço e com os outros.

Nele você encontrará fotografias, ilustrações e mapas de diversos lugares, além de explicações, poemas, músicas, reportagens e textos que o ajudarão a entender o espaço geográfico.

As atividades são diversificadas e abordam inúmeras situações, nas quais você será convidado a refletir, descobrir, pesquisar e se divertir. E o principal: tudo isso despertará seu interesse pelo conhecimento.

Esta coleção foi feita para você. Esperamos que goste!

Aproveite bem o ano!

As autoras

Sumário

UNIDADE 1
População brasileira 6

Capítulo 1: Para estudar a população 8
Onde está Alice? 8
Quantos somos? 9
Uma população em movimento 12

Capítulo 2: Onde vivem os brasileiros 16
Os moradores do município 16
Distribuição da população 17

Capítulo 3: Características da
população brasileira 22
Quem é cada um 22
O crescimento da população 23
A composição da população 26

Capítulo 4: Qualidade de vida
da população 30
População no noticiário 30
Como vivem os brasileiros? 31
  ➤ **#Digital:** Conteúdos animados 36

➤ **Hora da leitura:** Diferentes, mas iguais 38
➤ **Geografia em ação:** Misturando hábitos
  e costumes 39
➤ **Revendo o que aprendi** 40
➤ **Nesta unidade vimos** 42
➤ **Para ir mais longe** 43

UNIDADE 2
Extrair, produzir e comercializar ... 44

Capítulo 1: A extração de
recursos naturais 46
Pescaria 46
Formas de extrativismo 47

Capítulo 2: Agropecuária 52
Poema ilustrado 52
Atividades do campo 53

Capítulo 3: A indústria 58
Produzindo carimbos 58
A transformação de produtos 59
Tipos de indústrias 62

Capítulo 4: O comércio 66
Elemento diferente 66
Comprando e vendendo mercadorias 67
Comércio exterior 69
  ➤ **Como eu vejo:** Consumismo
    e consumo consciente 72
  ➤ **Como eu transformo:** Ajuda local
    é primordial 74

➤ **Hora da leitura:** Olha a feira! 75
➤ **Revendo o que aprendi** 76
➤ **Nesta unidade vimos** 78
➤ **Para ir mais longe** 79

UNIDADE 3
Mudanças no campo e na cidade .. 80

Capítulo 1: Novas tecnologias no campo .. 82
Reconhecendo as máquinas do campo 82
Máquinas e novas técnicas no espaço rural ... 83
Agricultura e cuidados com
o ambiente 88

Capítulo 2: Campo e cidade estão
interligados 90
Qual é o maior? 90
Do campo para a cidade e da cidade para
o campo 91

Capítulo 3: O crescimento das cidades ... 96
As cidades crescem 96
A urbanização 97

Capítulo 4: Energia para o campo
e para a cidade 102
Onde está a energia? 102
Importância das fontes de energia 103

> **Como eu vejo:** A migração retratada
> nas artes 110
> **Como eu transformo:** Exposição
> artística 112

> Hora da leitura: Retratando os espaços ... 113
> Revendo o que aprendi 114
> Nesta unidade vimos 116
> Para ir mais longe 117

UNIDADE 4
O espaço urbano 118

Capítulo 1: As cidades 120
A grande cidade 120
Cidades: surgimento e crescimento 121

Capítulo 2: Cuidando do
ambiente urbano 126
Verificando o grau de poluição do ar 126
A qualidade do ar 127

Capítulo 3: Cuidados com o meio
ambiente nas cidades 132
Descobrindo um grande problema 132
Agressões ao ambiente urbano 133
Mobilidade urbana 135
Comunicação e novas tecnologias 138

Capítulo 4: Os serviços públicos 140
Elemento estranho 140
O que são serviços públicos? 141
Representatividade e cidadania 147

> **#Digital:** Criando uma animação 152

> Hora da leitura: Participando da escola 154
> Geografia em ação: Um trabalho que
> salva o planeta 155
> Revendo o que aprendi 156
> Nesta unidade vimos 158
> Para ir mais longe 159

Referências 160
Atividades para casa 161
Caderno de cartografia 193
Encartes 201

UNIDADE 1
População brasileira

- O que está representado na imagem?
- Que diferenças você observa entre as pessoas representadas nesta imagem?
- Com qual das crianças da imagem você se identifica fisicamente? Conte aos colegas.

CAPÍTULO 1 — Para estudar a população

Onde está Alice?

Alice é apaixonada por seu time de futebol e foi assistir a uma partida importante.

1. Encontre Alice na ilustração a seguir. Ela está vestida com uma blusa amarela e calças *jeans*. Dica: ela está ao lado de um homem idoso que usa uma camisa roxa.

Kau Bispo

2. As pessoas na ilustração são diferentes. Cite algumas características que as diferenciam.

3. As pessoas que estão presentes, por exemplo, em um estádio de futebol ou em um cinema são chamadas de público. Que nome recebe o conjunto de habitantes de um município, estado ou país?

Quantos somos?

Na imagem da página anterior, você pôde observar a diversidade entre as pessoas. Elas representam uma parcela dos moradores de um município que foram assistir a uma partida de futebol. Às vezes, um número menor de pessoas comparece a um evento, e o estádio fica quase vazio. Outras vezes fica cheio, com muitas pessoas.

Assim também são os diferentes municípios, estados e países. Cada qual tem um número diferente de moradores, ou seja, de pessoas que nele habitam. Quando queremos nos referir ao conjunto de habitantes que vivem em determinado local, usamos a palavra **população**.

A população mundial é superior a 7 bilhões de pessoas e, enquanto estudamos este texto, ela continua aumentando. Observe no gráfico ao lado o crescimento da população mundial no período de 1950 até a projeção para 2050.

O Brasil tem uma das maiores populações entre os países do mundo: um pouco mais de 207 milhões de habitantes, segundo dados do IBGE de 2017. Com uma grande população total, o Brasil é considerado um país populoso. Observe no **Caderno de cartografia**, página 194, o mapa-múndi com destaque para os países mais populosos.

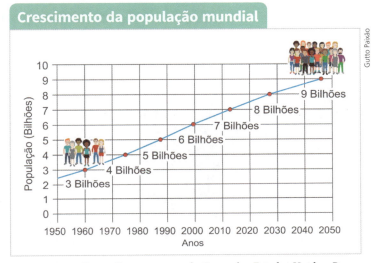

Fonte: Departamento do Censo dos Estados Unidos. Banco de dados internacional. Atualização: dez. 2009.

▶ Este é um gráfico de linhas, utilizado quando queremos representar um fenômeno ao longo de um tempo.

A China e a Índia são os países com maior número de habitantes, seguidos por Estados Unidos, Indonésia, Brasil e Paquistão. A China (fotografia da esquerda) e a Índia (fotografia da direita) são os dois países cuja população já ultrapassou 1 bilhão de habitantes.

▶ Xangai, China, 2016.

▶ Mumbai, Índia, 2014.

Um pouco mais sobre

Censo demográfico

Como será que os governos sabem exatamente o número de pessoas que moram nos países? Lembre-se de que estamos falando de milhões de habitantes.

No Brasil, o Instituto Brasileiro de Geografia e Estatística (IBGE) realiza, a cada dez anos, uma pesquisa para obter informações sobre a população brasileira: quantos habitantes são, onde vivem, que idade têm, quais são suas condições de vida e muitas outras questões.

O nome dessa pesquisa é **Censo Demográfico**. Leia o texto a seguir e entenda um pouco mais desse assunto.

Qual a utilidade dos censos?

▶ Recenseador entrevistando morador de Brasília, Distrito Federal, 2010.

O censo serve para que cada um possa conhecer melhor o país, os estados e os municípios. [...] Com as informações do recenseamento, o Governo pode, por exemplo:

• identificar os locais onde é mais importante investir em saúde, educação, habitação, transportes etc.;

• descobrir lugares que necessitam de programas de incentivo ao crescimento econômico, como instalação de polos industriais;

• distribuir melhor o dinheiro público, dos Fundos de Participação dos Estados e dos Municípios.

A sociedade em geral também usa as informações do censo:

• para escolher onde instalar suas fábricas, supermercados, *shopping centers*, escolas, cinemas etc.;

• para conhecer melhor os trabalhadores brasileiros – quem são, o que fazem, como moram etc. Essa informação é muito importante para os sindicatos, associações profissionais e entidades de classe;

• para pedir a atenção dos governos para problemas específicos, como a expansão da rede de água e esgoto, a instalação de postos de saúde e assim por diante.
[...]

IBGE. Disponível em: <https://memoria.ibge.gov.br/sinteses-historicas/historicos-dos-censos/panorama-introdutorio.html>. Acesso em: abr. 2019.

1 Alguém de sua família já respondeu a perguntas para o Censo? Em caso afirmativo, pergunte a ele quando e como foi a entrevista e conte aos colegas.

2 No caderno escreva sobre a importância da realização de um censo.

Atividades

1 Como podemos classificar o Brasil em relação à extensão de sua área territorial e ao número de habitantes?

_____
_____
_____

2 Pesquise qual é a população de seu estado e município.

_____
_____

3 Observe o quadro comparativo a seguir. Depois, responda às questões.

ANO	POPULAÇÃO DO BRASIL	ANO	POPULAÇÃO DO BRASIL
1872	9 930 478	1970	93 139 037
1890	14 333 915	1980	119 002 706
1900	17 438 434	1991	146 825 475
1920	30 635 605	2000	169 799 170
1940	41 236 315	2010	190 755 714
1950	51 944 397		

Fontes: *Anuário Estatístico do Brasil 2000* e *Censo Demográfico 2010*.

▶ O quadro mostra dados dos censos demográficos do IBGE desde o primeiro até o mais recente, realizado em 2010.

a) Quando foi feito o primeiro recenseamento oficial em nosso país?

_____

b) Qual era a população brasileira nesta data?

_____

c) Quanto aumentou a população brasileira entre 2000 e 2010?

_____

Uma população em movimento

No mundo todo existem pessoas que mudam de uma cidade para outra, ou de estado e mesmo de país. A esses deslocamentos da população chamamos de **migração**.

As pessoas que migram são chamadas de migrantes. Geralmente as migrações decorrem da busca de locais que ofereçam melhores condições de vida e oportunidades de trabalho. Muitos migrantes também deixam seus lugares de origem devido a guerras, perseguições políticas ou religiosas ou mesmo catástrofes naturais, como longos períodos de seca.

As migrações que ocorrem de um país para outro são conhecidas como **migrações internacionais**. Nesse movimento de pessoas existem os **emigrantes** (quando a pessoa deixa seu país de origem para viver em outro) e os **imigrantes** (quando as pessoas entram em um país estrangeiro para morar nele). Observe no gráfico os principais grupos imigrantes que vieram para o Brasil.

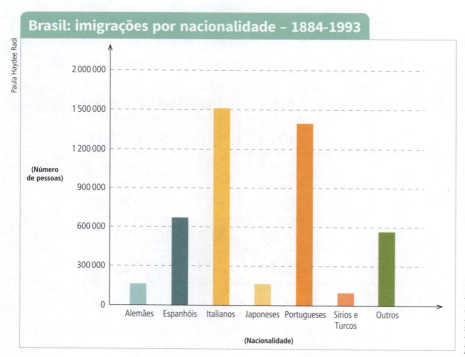

▶ O gráfico mostra a nacionalidade das pessoas que imigraram para o Brasil entre os anos de 1884 a 1993.

Glossário

Século 19: período de cem anos, entre os anos 1801 e 1900.

Fonte: Estatísticas do povoamento. *IBGE*. Disponível em: <http://brasil500anos.ibge.gov.br/estatisticas-do-povoamento/imigracao-por-nacionalidade-1884-1933.html>. Acesso em: jun. 2017.

A partir do fim do **século 19**, muitos imigrantes europeus vieram para o Brasil em busca de terras e melhores condições de vida. Entre esses imigrantes estavam italianos, alemães, poloneses, ucranianos, suíços, franceses e espanhóis. Mais tarde, vieram da Ásia os japoneses, chineses e árabes. Os imigrantes trouxeram hábitos, costumes e tradições que contribuíram para a formação de uma cultura rica e diversificada no Brasil.

Existem também as **migrações internas** que ocorrem dentro do próprio país, como é o caso do **êxodo rural**, quando as pessoas mudam do campo para a cidade, ou então quando elas mudam de cidade ou de estado. Regiões que se destacam por desenvolver determinadas atividades econômicas atraem mais pessoas.

Cartografar

Observe o mapa que indica alguns fluxos migratórios no Brasil. Compare as setas: elas indicam os locais de saída e chegada do migrante. A espessura das setas refere-se à quantidade de migrantes. Assim, quanto mais grossa ela for, maior o número de pessoas.

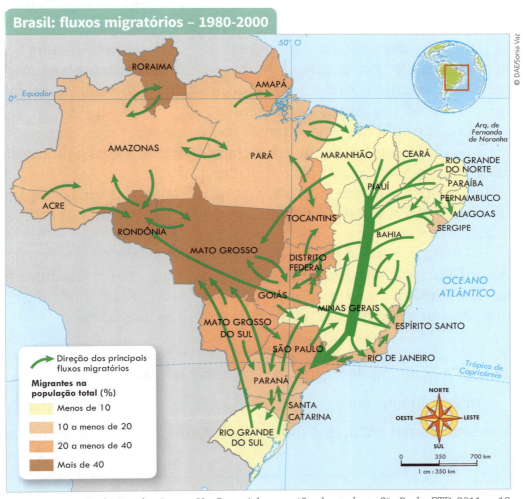

Fonte: Gisele Girardi e Jussara Vaz Rosa. *Atlas geográfico do estudante*. São Paulo: FTD, 2011. p. 19.

1 Qual é o principal destino dos migrantes?

_____

2 Como se apresenta o estado onde você mora com relação à migração?

_____

_____

Atividades

1 O que é migração?

_____

2 Leia o texto e depois faça o que se pede.

O Brasil pelos olhos de nove crianças refugiadas que vivem em São Paulo

[...] Quando viviam em seus países – [...], Síria, Arábia Saudita [...] –, o cotidiano deles era bem diferente. Mas hoje, esses meninos e meninas [...] têm muito em comum: comem arroz e feijão, gostam da liberdade que têm no Brasil e jogam futebol (ou queimada) na escola. [...]

Todos enfrentam ou enfrentaram vários novos desafios, como a barreira da língua, a adaptação à nova cultura e a falta de acesso a uma política educacional que atenda melhor às crianças refugiadas. [...]

Os irmãos Zaeem, de 11 anos, e Assad, 12 anos, e as irmãs Warda, 11 anos, e Sheza, 15 anos, viviam bem com os pais em Riad, capital da Arábia Saudita, quando a perseguição religiosa mudou suas vidas. [...]

[...] Ritag Youssef, de 8 anos,[...] e a irmã Rahab, de 11 anos, estão há quase três anos no país e hoje dividem um beliche num quarto em um condomínio na Vila Carrão, zona leste de São Paulo. Vindas da Síria fugindo da guerra com seus pais elas estão bem adaptadas aos costumes brasileiros.

G1, 12 out. 2016. Disponível em: <http://g1.globo.com/sao-paulo/noticia/2016/10/o-brasil-pelos-olhos-de-nove-criancas-refugiadas-que-vivem-em-sao-paulo.html>. Acesso em: abr. 2019.

a) Assinale a qual tipo de migração o texto faz referência.

☐ migração interna ☐ migração internacional

b) De acordo com o texto, que motivos levaram essas pessoas a migrar?

_____

_____

3 Complete as frases com **migrante**, **emigrante** ou **imigrante**.

a) Laura é uma italiana que veio morar no Brasil. Ela é uma _____.

Ao deixar seu país Laura tornou-se uma _____.

b) Antônio morava no estado de São Paulo e mudou-se para o estado de Santa Catarina. Ele é um _____.

Leia o texto e depois faça o que se pede nas questões de 4 a 6.

Em 10 anos, número de imigrantes aumenta 160% no Brasil, diz PF

[...]

O número de imigrantes registrados pela Polícia Federal aumentou 160% em dez anos. Segundo dados da PF, 117 745 estrangeiros deram entrada no país em 2015 – um aumento de 2,6 vezes em relação a 2006 (45 124).

[...]

Em 2015, os haitianos lideraram o *ranking* de chegada ao país pelo segundo ano consecutivo, de acordo com os dados da Polícia Federal. [...]

Os bolivianos também mantiveram a posição de 2014 para 2015: o segundo lugar. [...]. Em 2015, eles são seguidos pelos colombianos [...], argentinos [...], chineses [...], portugueses [...] paraguaios [...] e norte-americanos [...].

[...]

No caso do Haiti, por exemplo, a imigração em massa começou em janeiro de 2010, quando um terremoto deixou 300 mil mortos e destruiu grande parte do país. [...]

[A pesquisadora e socióloga Patrícia] Villen destaca que o mercado de trabalho brasileiro sempre funcionou com a força de braço imigrante, mas que, pensando além, a população brasileira foi formada pela própria imigração – e continua em transformação. "Essa internacionalização é um fato e, num horizonte cultural, linguístico, o benefício é muito rico para a população. Isso significa uma riqueza de encontro de povos, de culturas, de línguas diferentes", diz.

Clara Velasco e Flávia Mantovani. *G1*, 25 jun. 2016. Disponível em: <http://g1.globo.com/mundo/noticia/2016/06/em-10-anos-numero-de-imigrantes-aumenta-160-no-brasil-diz-pf.html>. Acesso em: maio 2019.

4 Quais são os dois maiores grupos de imigrantes que vieram para o Brasil nos últimos anos?

_____

5 Que motivos fizeram com que essas pessoas deixassem seu país de origem?

_____

_____

_____

_____

6 Circule no texto o trecho em que a socióloga Patrícia Villen justifica sua opinião sobre a vinda de imigrantes ser benéfica para o país. Você concorda com ela? Reflita e converse com os colegas sobre essa questão.

CAPÍTULO 2
Onde vivem os brasileiros

Os moradores do município

Destaque a parte superior da página 201, na seção **Encartes**. Observe que ali estão fotografias que devem ser recortadas e coladas nos espaços correspondentes à ilustração desta página.

1. Considerando as construções e atividades mostradas na ilustração, onde a concentração de pessoas é maior?

Distribuição da população

O Brasil é um país populoso, ou seja, com grande número de habitantes, mas a população não está distribuída de forma regular pelo território. Existem áreas com maior número de habitantes e outras com um número bem reduzido.

Essas diferenças podem ser explicadas, principalmente, por questões históricas e econômicas. Áreas ocupadas há mais tempo tendem a apresentar maior concentração populacional. Com o aumento da atividade industrial, comercial e de prestação de serviços, as áreas urbanas concentram mais pessoas que as rurais. No campo, a mecanização da lavoura provocou menor oferta de empregos em algumas áreas. Observe a comparação entre imagens.

◆ Áreas pouco povoadas

▶ Plantação de soja. Formosa do Rio Preto, Bahia, 2017.

▶ Comunidade ribeirinha. Uarini, Amazonas, 2016.

◆ Áreas muito povoadas

▶ Movimentação de pessoas e trabalhadores no Porto de Manaus. Manaus, Amazonas, 2016.

▶ Calçadão em área comercial. Nova Iguaçu, Rio de Janeiro, 2014.

A população brasileira está concentrada principalmente na faixa litorânea e nas áreas próximas às capitais dos estados. É na zona urbana que reside o maior número de pessoas.

De acordo com dados do Censo 2010, entre os municípios brasileiros, o que apresenta maior número de habitantes é **São Paulo**, com 11 253 503 habitantes. O município com menor número de habitantes é **Serra da Saudade**, em Minas Gerais, com 815 habitantes.

▶ Rua 25 de Março. São Paulo, São Paulo, 2014.

▶ Serra da Saudade, Minas Gerais, 2014.

A população dos municípios não se mantém sempre a mesma: em alguns, o número de habitantes aumenta muito, e em outros ele diminui. Os motivos para que isso ocorra são variados e estão relacionados com oportunidades de trabalho, saúde e educação. Observe alguns exemplos dessa variação.

MUNICÍPIO	POPULAÇÃO EM 2000	POPULAÇÃO EM 2010
São Félix do Xingu (Pará)	↓ 34 621	↑ 91 293
Cristalina (Goiás)	↓ 34 116	↑ 46 568
Nova Andradina (Mato Grosso do Sul)	↓ 35 381	↑ 45 599
Jacareacanga (Pará)	↑ 24 024	↓ 14 040
Mucugê (Bahia)	↑ 13 682	↓ 10 548
Japurá (Amazonas)	↑ 10 285	↓ 7 289

Fonte: Censos IBGE 2000 e 2010.

▶ A tabela mostra algumas cidades brasileiras cuja população aumentou e outras em que a população diminuiu no período de 10 anos.

Cartografar

Observe o mapa a seguir. Ele representa a distribuição populacional no Brasil.

Fonte: *Atlas geográfico escolar*. 7. ed. Rio de Janeiro: IBGE, 2016. p. 113.

1. Como é possível observar na leitura do mapa as áreas com maior e as áreas com menor concentração populacional?

_____

2. No estado onde você vive, a concentração populacional é predominantemente alta ou baixa?

_____

3. De acordo com o mapa, em quais áreas a população está mais concentrada?

_____

19

Um pouco mais sobre

Diminuição da população

IBGE: 1 378 municípios apresentam redução de população

Quase um quarto dos 5 570 municípios brasileiros (24,7% ou 1 378) apresentaram redução populacional. [...]

Os dados fazem parte das estimativas das populações residentes nos 5 570 municípios brasileiros [...]. Divulgado [...] pelo Instituto Brasileiro de Geografia e Estatística (IBGE), o estudo estima que o Brasil tenha 207,7 milhões de habitantes [...].

[...]

Tendência

De acordo com a gerente da pesquisa, Isabel Marri, a diminuição da taxa populacional nos municípios é uma tendência que vem ocorrendo nos últimos anos e decorre da redução da **fecundidade** e da migração.

"A maioria dos municípios, 68%, tem até 20 mil habitantes. Esses municípios menores tendem a perder população para os com maior dinamismo econômico. Por isso temos poucas cidades com muitos habitantes e muitas cidades com poucos habitantes", disse ela.

Embora os fluxos migratórios tenham perdido força, destacou ela, os municípios ao redor dos grandes centros têm aumentado seu contingente populacional. "Os grandes centros já têm um custo elevado para se viver, mas como neles estão os empregos, a população começa a se concentrar nas cidades próximas aos municípios maiores."

> **Glossário**
>
> **Fecundidade:** no texto, refere-se ao número de filhos que uma mulher teria ao longo da vida.

Gazeta Online, 30 ago. 2017. Disponível em: <www.gazetaonline.com.br/noticias/brasil/2017/08/ibge-1-378-municipios-apresentam-reducao-de-populacao-1014095279.html>. Acesso em: abr. 2019.

1 Quais são os fatores responsáveis pela diminuição populacional em alguns municípios brasileiros?

_____

_____

2 Pesquise e descubra se no município em que você mora a população está aumentando ou diminuindo. É possível relacionar o motivo dessa mudança a alguma informação do texto acima? Responda no caderno.

Atividades

Observe as fotografias e faça o que se pede nas atividades 1 e 2.

▶ Abaíra, Bahia, 2016.

▶ Teresina, Piauí, 2015.

1 Compare as imagens. Identifique qual município tem pouca e qual tem muita concentração populacional.

_____
_____
_____

2 O lugar onde você vive apresenta baixa ou alta concentração populacional?

_____

3 A população brasileira está distribuída igualmente pelo território? Justifique sua resposta.

_____
_____
_____
_____

CAPÍTULO 3
Características da população brasileira

Quem é cada um

Jorge, Francisco, Luana e Maria são brasileiros. Cada um vive em um estado, tem idade diferente e descende de um dos grupos que formaram o povo brasileiro.

1 Leia as pistas e descubra o estado onde mora cada um, a idade e de que grupo descende. Vá marcando no quadro o que descobrir, até completá-lo.

- Jorge é afrodescendente e mora em São Paulo.
- Quem mora na Bahia tem 23 anos e descende de portugueses; seu nome começa com a letra M.
- Francisco mora no estado mais ao sul do Brasil e descende de italianos.
- Quem mora no Amazonas é descendente de indígenas e tem dez anos a mais que Jorge.
- Quem descende de italianos tem 65 anos.
- Quem mora em São Paulo tem 7 anos.

NOME	ESTADO ONDE MORA	IDADE	DE QUEM DESCENDE
Jorge			
Francisco			
Luana			
Maria			

2 Complete a frase com suas características.

Meu nome é _____, moro no estado _____, tenho _____ anos e descendo de _____.

O crescimento da população

Na atividade da página anterior conhecemos quatro pessoas que apresentam diferenças relacionadas à idade, ao estado onde vivem e aos povos dos quais descendem. Uma característica comum a todos é o fato de serem brasileiros e comporem nossa população. Mas quais são as características da população brasileira e como ela vem crescendo ao longo do tempo? Vamos discutir essas questões neste capítulo.

Alguns fatores são responsáveis pelo aumento do número de habitantes de um local:

- nascimentos;
- aumento da **expectativa de vida**;
- vinda de pessoas de outros lugares.

Observe o gráfico.

Glossário

Expectativa de vida: número médio de anos que se espera que uma pessoa viva.

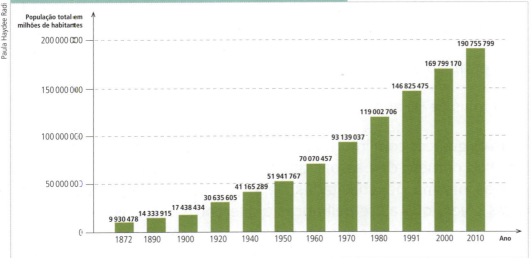

Brasil: crescimento da população – 1872 a 2010

Ano	População
1872	9 930 478
1890	14 333 915
1900	17 438 434
1920	30 635 605
1940	41 165 289
1950	51 941 767
1960	70 070 457
1970	93 139 037
1980	119 002 706
1991	146 825 475
2000	169 799 170
2010	190 755 799

Fonte: *Censo Demográfico 2010: sinopse do Censo e resultados preliminares do universo*. Rio de Janeiro: IBGE, 2011. Disponível em: <www.ibge.gov.br/home/presidencia/noticias/imprensa/ppts/0000000402.pdf>. Acesso em: abr. 2019.

▶ O gráfico mostra os números do crescimento da população brasileira registrado nos censos demográficos do IBGE.

Esse crescimento resulta, principalmente, de seu aumento natural, ou seja, a diferença entre o número de nascimentos e o de mortes.

Até as décadas de 1970 e 1980, o número de nascimentos era elevado, e as famílias, numerosas. Era comum os casais terem muitos filhos. Atualmente, essa situação modificou-se, e as famílias têm agora menos filhos do que tinham no passado.

Em 1960, a mulher brasileira tinha em média 6 filhos.

Em 1980, passou para 4 crianças.

Em 2000, eram 2 filhos.

Em 2020, a média será de 1,5.

Atividades

1 Imagine que você é um pesquisador do IBGE. Faça uma pesquisa para descobrir algumas informações com os alunos de sua turma. Cada aluno deve escolher um colega para entrevistar e solicitar que responda ao questionário a seguir sobre os moradores da casa.

- Nome do entrevistado: _____

- Quantas pessoas moram na casa? _____

- Quantas são do sexo masculino? _____

- Quantas são do sexo feminino? _____

- Quantas têm até 19 anos? _____

- Quantas têm entre 20 e 59 anos? _____

- Quantas têm mais de 60 anos? _____

2 Agora complete os gráficos com informações sobre sua família. Pinte um quadradinho referente ao número de pessoas que mora em sua casa (incluindo você) de acordo com as informações solicitadas. Depois compare seus gráficos com os de seus colegas e verifique as semelhanças e diferenças entre as composições familiares.

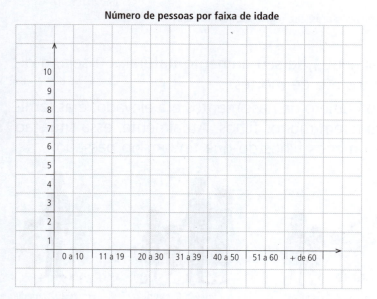

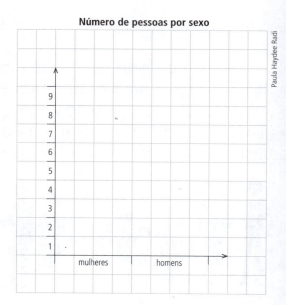

3 Observe as fotografias e responda oralmente às questões.

▶ Retrato de família. Caxias do Sul, Rio Grande do Sul, c. 1930.

▶ Refeição em família. São Paulo, São Paulo, 2016.

a) O que você observa nas fotografias?

b) O que as fotografias indicam em relação à população brasileira?

c) Sua família é numerosa? Quantas pessoas a compõem?

4 Analise o gráfico de linha e responda às questões.

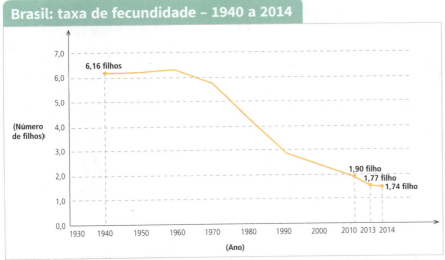

Fonte: *Censo Demográfico 2010: resultados gerais da amostra*. Rio de Janeiro: IBGE, 2012. Disponível em: <www.ibge.gov.br/home/presidencia/noticias/imprensa/ppts/00000000847310412201231572748 3985.pdf>. Acesso em: abr. 2019.

▶ O gráfico de linhas normalmente é utilizado para apresentar dados (em grande quantidade) registrados em um período de tempo contínuo.

a) O que o gráfico representa?

_____

b) O gráfico apresenta dados que indicam que as famílias têm optado por um menor número de filhos. Converse com o professor e os colegas e responda: Por que isso acontece?

_____

_____

A composição da população

Observe as imagens. Elas mostram diferentes características da população brasileira.

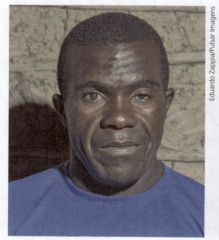
▶ Lençóis, Bahia, 2014.

▶ São Paulo, São Paulo, 2016.

▶ Brasília, Distrito Federal, 2017.

▶ Jordão, Acre, 2016.

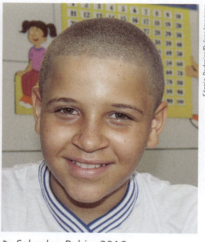
▶ Salvador, Bahia, 2016.

▶ Araruama, Rio de Janeiro, 2015.

Nessas imagens podemos ver pessoas de várias idades. Até a década de 1960, o Brasil era um país com uma grande população jovem. A redução do número de filhos e nascimentos ocasionou a diminuição da população com idade entre 0 e 14 anos.

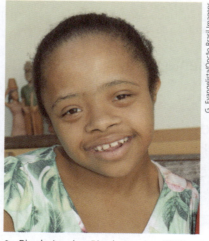
▶ Rio de Janeiro, Rio de Janeiro, 2012.

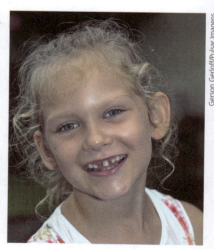
▶ Santa Maria, Rio Grande do Sul, 2017.

Além da redução da população jovem, podemos notar o aumento no número de idosos, representados pelos habitantes com 60 anos ou mais. Esse fato pode ser explicado pelas melhorias nas condições de saúde da população graças aos avanços da Medicina e ao saneamento básico, o que possibilitou melhor qualidade de vida e o decorrente aumento na expectativa de vida dos brasileiros.

Expectativa de vida no Brasil

1980 — 58 anos
2000 — 64 anos
2010 — 71 anos
2020 — 82 anos

Ilustrações: Estúdio Kiwi

Com o aumento da expectativa de vida, é necessário que o governo desenvolva políticas públicas em diversos setores voltadas para a terceira idade, dando mais ênfase à saúde preventiva, ao tratamento de **doenças crônicas** não transmissíveis e aos programas de valorização e inclusão do idoso.

Outras características da população brasileira são:

- maior número de mulheres;
- a miscigenação, isto é, a mistura de diferentes povos, que faz do brasileiro um povo mestiço.

Glossário

Doença crônica: doença que necessita de tratamento contínuo.

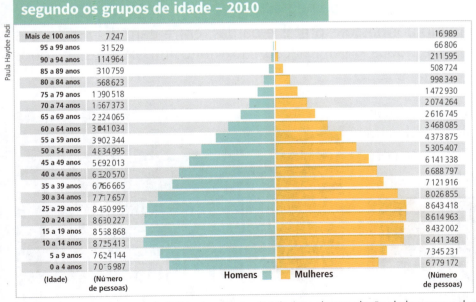

Fonte: *Sinopse do Censo Demográfico 2010*. IBGE, 2010. Disponível em: <www.censo2010.ibge.gov.br/sinopse/index.php?dados=12>. Acesso em: abr. 2019.

▶ A pirâmide etária nos possibilita visualizar a distribuição da população de homens e de mulheres organizada em grupos por idade. Segundo dados do Censo 2010, de cada 100 habitantes do Brasil, 51 são do sexo feminino e 49 são do sexo masculino.

Um pouco mais sobre

Fortalecimento da identidade negra

Observe o gráfico de colunas a seguir sobre a composição da população brasileira por cor ou raça. Repare que o gráfico demonstra o que aconteceu com a população brasileira entre 2000 e 2010.

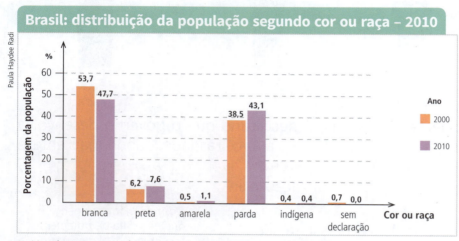

Fonte: Débora Melo. Em dez anos, população que se autodeclara negra aumenta, e número de brancos cai. *UOL*, 29 jun. 2012. Disponível em: <http://noticias.uol.com.br/cotidiano/ultimas-noticias/2012/06/29/em-dez-anos-populacao-que-se-autodeclara-negra-sobe-e-numero-de-brancos-cai-diz-ibge.htm>. Acesso em: abr. 2019.

▶ Um dos usos mais frequentes de um gráfico de colunas é para mostrar a variação de determinado elemento no decorrer do tempo.

De acordo com o Censo 2010, a população que se declarou branca era a maior parcela, mas notou-se um fato bem relevante: houve um crescimento da população que se declarou preta ou parda nos últimos dez anos. Um dos fatores para esse crescimento foi o fortalecimento da identidade negra.

Os negros, grupo formado por pessoas pretas e pardas, enfrentam discriminações há centenas de anos. Suas atitudes de afirmação são muito importantes, e todos devem respeitá-las.

1 De que maneira as pessoas das fotografias estão valorizando sua identidade étnica? Converse com os colegas e o professor.

▶ Mulher negra com turbante em Salvador, Bahia, 2016.

▶ Marcha da Consciência Negra em São Paulo, São Paulo, 2016.

Atividades

1 Compare os dados registrados no quadro abaixo e depois responda às questões.

FAIXA ETÁRIA	1940	2000	2010
0-14 anos	42,9%	29,6%	24,2%
15-59 anos	53%	61,8%	64,8%
mais de 60 anos	4,1%	8,6%	11%

Fontes: IBGE. *Tendências demográficas: uma análise da população com base nos resultados dos censos demográficos 1940 e 2000*. Disponível em: <https://biblioteca.ibge.gov.br/visualizacao/livros/liv34956.pdf>; IBGE. *Sinopse do Censo Demográfico 2010*. Disponível em: <www.censo2010.ibge.gov.br/sinopse/index.php?dados=12&uf=00>. Acessos em: abr. 2019.

▶ A tabela mostra a composição etária da população brasileira em três períodos distintos.

a) O que é possível concluir sobre as mudanças da população que tem entre 0 e 14 anos e da que tem mais de 60 anos?

_____
_____
_____
_____

b) Que fatores explicam as mudanças no que se refere à estrutura etária da população brasileira?

_____
_____
_____
_____

2 Vamos montar um retrato representativo dos brasileiros? Procure em revistas, jornais e outros materiais impressos rostos de pessoas do Brasil, recorte-os e cole-os no contorno do mapa da página 203, da seção **Encartes**, sem deixar espaço entre as imagens. Depois destaque a página e exponha seu trabalho no mural da sala de aula ou em outro espaço da escola. Feito isso, converse com os colegas sobre a afirmação: "Desde sua formação, a população brasileira caracterizou-se pela grande diversidade de que é composta atualmente".

CAPÍTULO 4
Qualidade de vida da população

População no noticiário

Manchete é o título com que os jornais chamam a atenção do leitor para as notícias mais importantes. Observe algumas manchetes já publicadas sobre a população brasileira.

29/11/2013
Qualidade de vida: mais da metade da população tem acesso restrito à educação e à proteção social

Fonte: *O Globo*, 29 nov. 2013. Disponível em: <https://goo.gl/CVpuhN>. Acesso em: abr. 2019.

20/4/2017
Envelhecimento da população é desafio para políticas públicas melhorar qualidade de vida

Fonte: *Folha Noroeste*, 20 abr. 2017. Disponível em: <https://goo.gl/Ff6zb4>. Acesso em: abr. 2019.

14/3/2015
Parques e praças asseguram mais qualidade de vida à população anapolina

Fonte: *Jornal Opção*, 14 mar. 2015. Disponível em: <https://goo.gl/kVdmZf>. Acesso em: abr. 2019.

29/8/2013
Maior parte dos migrantes do Brasil sai do Nordeste, segundo o IBGE

Fonte: *G1*, 29 ago. 2013. Disponível em: <https://goo.gl/BnEuCZ>. Acesso em: abr. 2019.

1 Agora é sua vez de pesquisar uma manchete sobre algum aspecto referente à população do Brasil. Escreva a manchete no quadro, além da fonte e da data de publicação da matéria.

Como vivem os brasileiros?

As manchetes da página anterior chamam a atenção para algumas situações que envolvem a qualidade de vida da população brasileira.

Já estudamos que os censos brasileiros ocorrem de dez em dez anos. Entre os dois últimos levantamentos, nossa sociedade passou por inúmeras mudanças. Uma das mais importantes refere-se à mortalidade infantil, dado que informa quantas crianças com menos de 1 ano de idade morrem em um grupo de mil.

De 2000 para 2010 (anos dos últimos censos), a taxa de mortalidade infantil no país teve uma notável redução. No início dos anos 2000, de cada mil crianças, 29 morriam antes de atingir 1 ano de vida. Em 2010, esse número caiu para 15, ou seja, praticamente a metade.

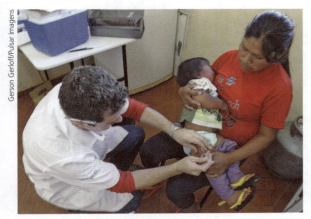

▶ Criança toma vacina em Redentora, Rio Grande do Sul, 2014.

De acordo com o IBGE, a diminuição da mortalidade infantil teve várias causas, entre elas: melhorias na saúde – ou seja, as crianças tiveram mais acesso a vacinas e atendimento médico – e a promoção de qualidade na alimentação, o que as tornou mais fortes e resistentes às doenças.

Também ocorreram melhorias no saneamento básico – muitas residências passaram a ter água tratada, coleta de esgoto e de lixo, três elementos muito importantes para reduzir a incidência de doenças.

Outro elemento que mostra a melhoria das condições de vida da população é a elevação da esperança de vida, ou seja, o aumento do tempo de vida das pessoas. Observe essas mudanças no gráfico.

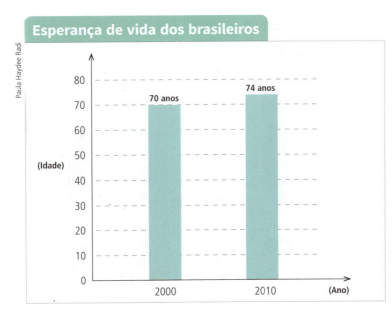

▶ A esperança de vida no Brasil aumentou 4 anos entre 2000 e 2010.

Fonte: Antônio de Ponte Jardim, Gabriel Mendes Borges e Leila Regina Ervatti (Org.). *Estudos & Análises: informação demográfica e socioeconômica*, n. 3. Mudança demográfica no Brasil no início do século XXI. Subsídios para a projeção da população. Rio de Janeiro: IBGE, 2015. Disponível em: <http://biblioteca.ibge.gov.br/visualizacao/livros/liv93322.pdf>. Acesso em: abr. 2019.

Neste caso, também, a evolução dos serviços de saúde e a melhoria na alimentação explicam o novo índice de esperança de vida. Uma das consequências da ampliação da expectativa de vida é a necessidade de melhorar as condições especiais de segurança, saúde e lazer para os idosos.

Apesar de todos esses avanços, um problema ainda afeta a qualidade de vida da população: a **desigualdade social**, que se revela por uma pequena parcela dos brasileiros deterem a maior parte das riquezas produzidas, enquanto a maioria da população tem uma renda muito pequena, às vezes insuficiente. Essa desigualdade pode ser percebida quando observamos que nem todas as pessoas têm acesso à alimentação, moradia digna, educação e saúde de qualidade.

▶ Os gráficos ao lado trazem dados que revelam algumas desigualdades sociais entre grupos que compõem a população brasileira.

Fonte: *Censos de 2010*, Instituto Nacional de Estudos e Pesquisas Educacionais, Instituto de Pesquisa Econômica Aplicada, Instituto Brasileiro de Geografia e Estatística. Disponível em: <www.redeangola.info/multimedia/retrato-dos-negros-no-brasil/>. Acesso em: abr. 2019.

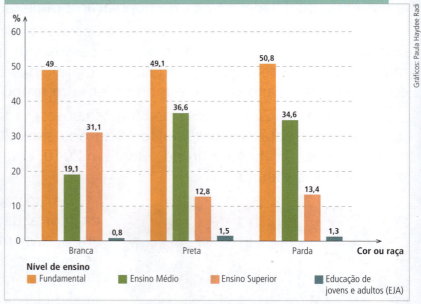

Fonte: IBGE, *Censo Demográfico 2010*. Disponível em: <https://conteudo.imguol.com.br/2012/06/28/distribuicao-de-brasileiros-na-escola-por-raca-censo-2010-1340927923900_600x377.jpg>. Acesso em: abr. 2019.

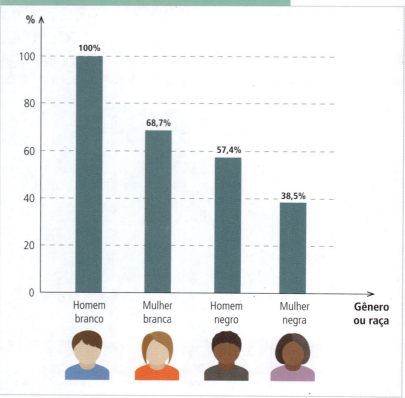

Um pouco mais sobre

Trabalho infantil

Um grave problema que afeta a qualidade de vida da população urbana e rural e viola os direitos das crianças e adolescentes é o trabalho infantil. Mas o que é trabalho infantil? Leia o texto e entenda essa questão.

O que é trabalho infantil

É todo o trabalho realizado por pessoas que tenham menos da idade mínima permitida para trabalhar. Cada país tem sua regra. No Brasil, o trabalho não é permitido sob qualquer condição para crianças e adolescentes entre zero e 13 anos; a partir dos 14 anos pode-se trabalhar como aprendiz; já dos 16 aos 18, as atividades laborais são permitidas, desde que não aconteçam das 22h às 5h, não sejam insalubres ou perigosas [...].

[...]

O trabalho infantil é muito mais comum do que pode parecer e está presente, diariamente, diante de nossos olhos, em suas diversas formas, tanto em ambientes privados quanto públicos.

Em áreas urbanas é possível encontrar crianças e adolescentes em faróis, balcões de atendimento, fábricas e depósitos, misturados à paisagem urbana. Mais comum, porém, é o trabalho infantil doméstico, pelo qual, majoritariamente, as meninas têm a obrigação de ficar em casa cuidando da limpeza, da alimentação ou mesmo dos irmãos mais novos. São casos muito difíceis de serem percebidos justamente porque acontecem dentro da própria casa onde a criança mora, de modo a ser visto por poucas pessoas. [...]

Em áreas rurais, os trabalhos mais comuns são em torno de atividades agrícolas, mineração e carvoarias, além do trabalho doméstico. [...]

Fundação Telefônica, 2 dez. 2016. Disponível em: <http://fundacaotelefonica.org.br/promenino/trabalhoinfantil/o-que-e>. Acesso em: abr. 2019.

1 Trace uma linha em uma folha de papel para dividi-la ao meio. De um lado, faça um desenho que expresse o que você sente em relação ao trabalho infantil. Do outro lado, escreva uma mensagem contra o trabalho infantil. Exponha seu trabalho no mural da sala de aula.

Cartografar

Observe o mapa e, depois, faça o que se pede.

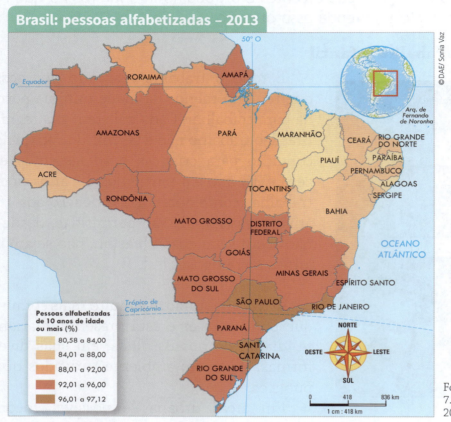

Fonte: *Atlas geográfico escolar*. 7. ed. Rio de Janeiro: IBGE, 2016. p. 120.

1 O que o mapa representa? _____

2 Qual é a fonte do mapa? _____

3 Que elemento foi utilizado para representar as informações no mapa?
_____

4 Escreva o nome de dois estados que apresentam melhores dados em relação ao tema. _____

5 E em seu estado? A taxa é maior ou menor que a da maioria dos estados brasileiros?
_____

Atividades

1 Apesar de a qualidade de vida da população brasileira ter melhorado, sabemos que muito ainda precisa ser feito. Em sua opinião, o que garante às pessoas qualidade de vida?

_____

_____

_____

2 Observe as imagens a seguir. Em seguida, identifique os problemas representados. Depois, pense com os colegas em como cada um deles pode ser resolvido. Por fim, preencha o quadro.

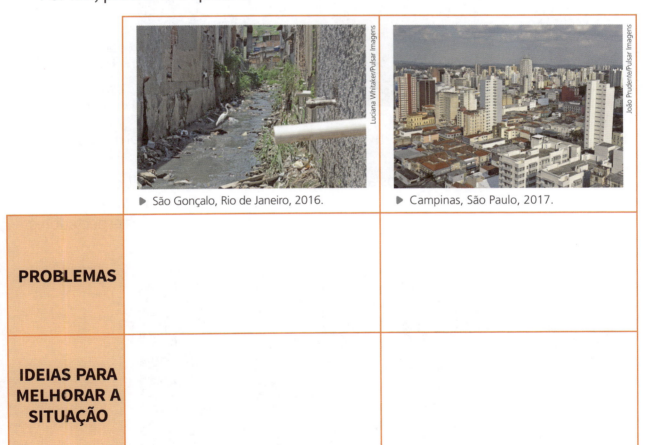

▶ São Gonçalo, Rio de Janeiro, 2016.

▶ Campinas, São Paulo, 2017.

PROBLEMAS		
IDEIAS PARA MELHORAR A SITUAÇÃO		

3 Reúna-se em grupo com alguns colegas e, juntos, reflitam sobre a cidade onde moram e as condições de vida dos moradores. Anotem, em uma folha de papel à parte, uma lista de aspectos positivos e do que pode ser melhorado. Depois apresentem ao resto da turma o resultado da análise do grupo.

#Digital

Conteúdos animados

Atualmente, as novas tecnologias estão presentes em diversas áreas de nossa vida. Se precisamos encontrar um endereço, utilizamos ferramentas de localização geográfica. Por sua vez, as pesquisas escolares são feitas, em sua maioria, por meio de buscas na internet. Até compras podem ser feitas *on-line*.

▶ Indígenas da aldeia Tenonde Porã utilizam um computador. São Paulo, São Paulo, 2015.

As mudanças trazidas pelas novas tecnologias também transformaram a maneira de aprender e ensinar.

A lousa digital, a internet e os aplicativos, as videoaulas, entre outros, são exemplos dessas novas tecnologias que podem estar presentes na escola. Em grande parte, apresentam conteúdos animados para aumentar o interesse dos espectadores.

▶ Alunos de escola pública utilizam *notebooks* na sala de aula. Sumaré, São Paulo, 2014.

Animação: o que é e como pode ser usada?

Resumidamente, uma animação é um conjunto de imagens organizadas e reproduzidas em rápida sequência, causando a sensação de movimento aos olhos humanos. A animação é um recurso didático que pode ser usado de diversas formas.

Ao organizarmos em sequência diversas pirâmides etárias, por exemplo, conseguimos visualizar a distribuição da população de homens e mulheres, segundo grupos de idades, em determinado lugar ao longo dos anos.

Observe o exemplo da evolução da pirâmide etária brasileira que está disponível no endereço indicado. A animação mostra dados a partir de 1980, fazendo uma projeção até 2050. Para vê-la, basta clicar no botão de reprodução (*play*) que está no canto superior esquerdo da tela.

Quais tipos de animação encontramos por aí?

As animações mais comuns que estão disponíveis em diversos *sites* são produzidas por meio de programação em Flash, GIFs e *banners* animados. Normalmente elas são utilizadas para atrair a atenção do visitante.

Esses tipos de conteúdos animados podem ser facilmente produzidos de forma gratuita e *on-line*.

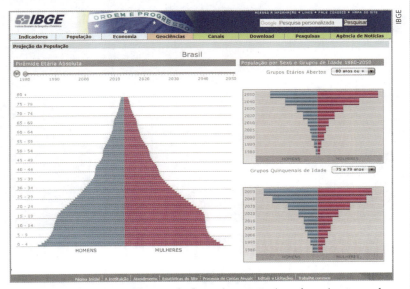

Disponível em: <www.ibge.gov.br/home/estatistica/populacao/projecao_da_populacao/2008/piramide/piramide.shtm> Acesso em: 12 set. 2017.

▶ Página do *site* do IBGE mostra a projeção da população do Brasil.

1. Faça uma busca na internet com o termo "programas de animação *on-line*" e encontre ferramentas gratuitas para criar animações simples.

2. Teste alguns dos programas gratuitos que você encontrou. Observe se há tutoriais que auxiliem o usuário, se há opções variadas de ferramentas etc.

3. No final, elabore uma seleção dos programas de que você mais gostou e escreva uma breve explicação do porquê. Traga seu registro para a sala de aula e compartilhe com todos.

Hora da leitura

Diferentes, mas iguais

Leia os cartazes da campanha "Por uma infância sem racismo", lançada pelo Fundo das Nações Unidas para a Infância (Unicef).

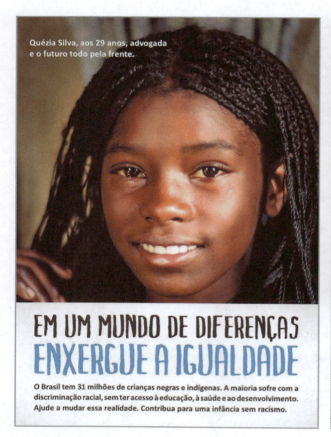
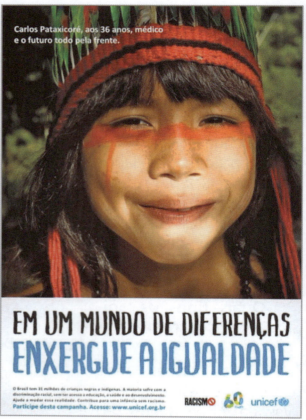

1. Explique a frase: "Em um mundo de diferenças enxergue a igualdade".

   _____
   _____

2. Por que os cartazes apresentam as profissões das crianças no futuro?

   _____
   _____

3. Cite algumas situações em que você considera muito importante a igualdade de direitos.

GEOGRAFIA em ação

Misturando hábitos e costumes

Ao chegar ao Brasil, muitos imigrantes têm de se adaptar à nossa cultura, que inclui hábitos que podem ser muito diferentes dos de seu país de origem. Leia a entrevista a seguir com Mônica, uma imigrante chinesa que mantém hábitos dos dois países em sua rotina.

De qual cidade e país você e sua família vieram? Quantos anos você tinha quando se mudou para o Brasil?

Eu e a minha família viemos de Pequim (também conhecida como Beijing), que é a capital da China. Eu vim pequena, com 2 anos de idade. Vai fazer 20 anos que eu e meus pais estamos aqui no Brasil.

Por que sua família resolveu se mudar para o Brasil?

Viemos para o Brasil porque minha tia-avó, que já estava no país, perguntou a meus pais se eles tinham interesse em trabalhar com ela. Pode-se dizer que foi uma oferta de emprego.

Quais são os principais hábitos e costumes de seu país de origem que vocês mantêm?

Alguns de nossos principais hábitos são: trocar o sapato por um chinelo ao chegar em casa (tiramos o sapato antes de entrar na sala da casa), utilizamos *hashi* (os famosos palitinhos de madeira) às refeições, temos o hábito de acordar cedo e dormir cedo. Há também a questão da alimentação, pois na culinária oriental há formas diferentes de preparar um alimento. Meus pais sentiram muita dificuldade em achar a alface-aspargo. Fazemos ela cozida com alho. Mas meus hábitos alimentares mudaram com o tempo; lembro que antigamente eu almoçava e jantava muito cedo (11 h da manhã era o almoço e 18 h, o jantar).

Quais hábitos e costumes típicos do Brasil passaram a fazer parte de sua rotina e da de sua família?

O costume de almoçar tarde em fins de semana, o hábito de comer feijoada na quarta-feira e no sábado, o costume de fazer compras na feira, curtir o feriadão em viagens... Os meus pais falam português, mas como nunca estudaram a língua brasileira ainda têm sotaque, trocam as letras na hora da pronúncia e confundem muito o gênero das palavras. Comemoramos todas as datas festivas brasileiras e também as chinesas, como o Ano-Novo, em casa. Meus pais gostam de músicas brasileiras, como o samba. Não entendem muito, mas adoram o ritmo da música. Eu sou "meio brasileira", né? Não tenho preferências musicais, gosto um pouco de tudo.

Mônica Liu é publicitária e mora na cidade de São Paulo.

Revendo o que aprendi

1 Complete o diagrama.

1. Pesquisa realizada pelo IBGE a cada dez anos para obter informações sobre características da população brasileira.
2. Diz-se do país que tem grande número de habitantes.
3. País do continente americano que tem o maior número de habitantes.
4. País europeu de onde vieram muitos imigrantes para o Brasil.
5. País mais populoso do mundo.
6. Nome dado aos deslocamentos populacionais.

```
                P
        1       O
            2   P
    3 _ _ _ _ _ * U _ _ _ _ _
            4   L
          5     A
          6     Ç _ _
                Ã
                O
```

2 Pinte o item de verde se estiver relacionado a uma solução que provocou melhoria na qualidade de vida da população e de vermelho se fizer referência a um problema.

☐ diminuição da mortalidade infantil

☐ ausência de saneamento básico

☐ serviço de coleta e tratamento de esgoto

☐ água tratada

☐ campanhas de vacinação

☐ aumento na expectativa de vida

3 Cite três características da composição etária atual da população brasileira.

_____

_____

4 Nós convivemos com pessoas de diferentes faixas etárias. Elas podem fazer parte de nossa família, ser nossos vizinhos ou pessoas que encontramos nos lugares que frequentamos, como escola, clube, espaço religioso etc.

a) Entreviste pessoas com as quais você convive e que estão nas faixas etárias indicadas a seguir. Registre no quadro as informações solicitadas.

De 0 a 14 anos	De 15 a 25 anos
Nome: _____	Nome: _____
Idade: _____	Idade: _____
Profissão: _____	Profissão: _____
Local de nascimento: ___	Local de nascimento: ___
De 26 a 60 anos	**Mais de 60 anos**
Nome: _____	Nome: _____
Idade: _____	Idade: _____
Profissão: _____	Profissão: _____
Local de nascimento: ___	Local de nascimento: ___

b) Analise os dados da entrevista e responda: Algum dos entrevistados já migrou, ou seja, nasceu em um lugar e mudou-se para outro?

5 No que se refere à população brasileira, escreva motivos ou razões para:

a) a redução das taxas de fecundidade;

_____

_____

b) o aumento da expectativa de vida.

_____

_____

Nesta unidade vimos

- O Brasil tem uma grande população, sendo considerado um país populoso. A população brasileira encontra-se distribuída de forma irregular pelo território. A maior parcela é adulta e idosa. O número de mulheres é superior ao de homens.

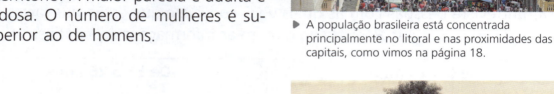

▶ A população brasileira está concentrada principalmente no litoral e nas proximidades das capitais, como vimos na página 18.

- As migrações são deslocamentos da população de uma região para outra. As pessoas que migram são chamadas de migrantes. Existem migrações entre países e aquelas internas, entre regiões do próprio país.

▶ O Brasil tem uma população com características muito diversas, como mostrado na página 26.

- O Brasil apresenta desigualdade social porque existem diferenças de renda entre os brasileiros. Isso afeta a qualidade de vida, pois nem todos têm acesso a moradia digna, saúde e educação de qualidade, por exemplo.

▶ A vacinação foi importante na redução da mortalidade infantil, como vimos na página 31.

Para finalizar, responda:

- Como está distribuída a população pelo território brasileiro?
- Quais motivos levam as pessoas a migrar?
- Quais são as características da população brasileira?

Para ir mais longe

Livros

▶ **O homem-pássaro: história de um migrante**, de Ricardo Dreguer. São Paulo: Moderna, 2014.

Conta a história de um migrante cearense e suas dificuldades na busca por melhores condições de vida.

▶ **Coleção Imigrantes do Brasil**, de vários autores. São Paulo: Panda Books.

Cada um dos livros dessa coleção retrata a história de um imigrante, contada por um avô para seu neto.

▶ **O mais brasileiro**, de Ziraldo. Curitiba: Positivo, 2000.

História em quadrinhos com a Turma do Pererê, na qual há um desafio para descobrir qual é a pessoa que melhor representa o povo brasileiro.

▶ **Moiara, filha da terra**, de Camila Tadelli e Thiery Maciel. São Paulo: Editora do Brasil, 2015.

Um trabalho escolar ajuda Moiara a descobrir mais sobre suas raízes e ensina a ela uma importante lição sobre orgulho e respeito.

Filme

▶ **O menino e o mundo**. Direção de Alê Abreu. Brasil: Filme de Papel, 2013, 85 min.

Cuca é um menino que vive em um mundo distante, numa pequena aldeia no interior de seu mítico país. Sofrendo com a falta do pai, que parte em busca de trabalho na desconhecida capital, Cuca deixa sua aldeia e sai mundo afora à procura dele. Durante sua jornada, Cuca descobre uma sociedade marcada por muitos problemas.

Site

▶ **IBGE educa Crianças – nosso povo:** <https://educa.ibge.gov.br/criancas/brasil/nosso-povo/19632-nosso-povo.html>.

Apresenta informações, jogos e brincadeiras sobre a população brasileira.

UNIDADE 2
Extrair, produzir e comercializar

- O que você observa na imagem?
- Você já observou atividades como essas no lugar onde vive? Quais delas? Conte aos colegas.

Bruna Assis

CAPÍTULO 1 — A extração de recursos naturais

Pescaria

Guto e Joaquim gostam muito de pescar. Eles saíram de barco, mas esqueceram os remos.

1. Onde estão os remos dos pescadores? Marque-os com um **X**.

2. Você já pescou ou já observou uma pescaria? Em caso afirmativo, conte para os colegas como foi a experiência.

3. Por que as pessoas realizam essa atividade?

Formas de extrativismo

A imagem da página anterior fez referência à pesca, uma das atividades mais antigas realizadas pelos seres humanos, juntamente com a caça. Essas atividades são exemplos de extrativismo, no qual retiramos da natureza recursos naturais que serão utilizados na produção de uma infinidade de artigos. No Brasil, a caça ocorre em comunidades indígenas ou quando autorizada por órgão ambiental, como o Instituto Brasileiro de Meio Ambiente (Ibama).

Pesca

A ocupação de diversas áreas em nosso território ocorreu ao longo de seus principais rios, onde se estabeleceram, a princípio, as comunidades ribeirinhas. Um dos recursos naturais mais importantes explorados nessas comunidades é o peixe, tanto para subsistência quanto para comercialização. Predominam as pescarias de pequena escala, em que os pescadores dependem de recursos locais.

Como o litoral brasileiro é muito extenso e há grande quantidade de rios no país, muitos trabalhadores se dedicam a essa atividade.

▶ Barcos de pesca de lagostas. Icapuí, Ceará, 2014.

▶ Pesca com rede em água doce no Lago Guajará. Cachoeira do Arari, Pará, 2015.

▶ Pesca tradicional com tarrafa em rio. Salinópolis, Pará, 2013.

A pesca pode ser realizada com anzol ou redes. A pesca de arrastão, espécie de rede muito grande lançada ao mar ou rio, é proibida em muitos locais do Brasil, pois nela, além dos peixes, são pescados outros animais, como as tartarugas e os golfinhos, que acabam morrendo.

A extração vegetal

Extrativismo vegetal é a atividade em que certos frutos, sementes e raízes não são cultivados, mas extraídos da natureza para consumo *in natura* ou para uso como **matéria-prima** de outros produtos.

- Um exemplo é a castanha-do-pará, extraída de uma das árvores mais altas da Amazônia. Essa semente pode ser consumida diretamente ou beneficiada e transformada em óleos, farinhas e cosméticos.

- A madeira é um dos produtos do extrativismo vegetal mais explorados no Brasil, por ser muito utilizada na fabricação de móveis, papel, entre outras atividades. O corte de árvores já devastou muitas áreas florestadas. Atualmente há leis que proíbem o desmatamento em área protegidas, mas o corte ilegal continua a ser praticado em várias regiões do país.

- A piaçava ou piaçaba é uma variedade de palmeira encontrada nas regiões Norte e Nordeste. Produz uma fibra longa, resistente e impermeável, muito utilizada na produção de cordas para embarcações, na fabricação de vassouras, no enchimento de assentos de carros e na cobertura de quiosques. O coletor de fibras de piaçava sobe na árvore e corta as folhas, passando de uma árvore para a outra sem descer ao chão.

▶ Coletor recolhe frutos caídos próximo às castanheiras. Laranjal do Jari, Amapá, 2017.

▶ Corte legal de madeira em reserva de extração sustentável. Tefé, Amazonas, 2017.

Glossário

Matéria-prima: produto utilizado na elaboração ou fabricação de outro produto. Ela pode ser de origem animal, vegetal ou mineral.

▶ Coletor carrega piaçava retirada de palmeiras da região amazônica. Barcelos, Amazonas, 2016.

Cartografar

Alguns mapas contam com símbolos para indicar a localização de ocorrências de determinados elementos ou fenômenos. O mapa a seguir é um exemplo desse tipo de representação. Observe-o e responda às questões.

Fonte: *Atlas geográfico escolar: Ensino Fundamental do 6º ao 9º ano*. Rio de Janeiro: IBGE, 2010. p. 32.

1 O que o mapa representa?

_____

2 Que símbolos foram utilizados para representar os elementos no mapa?

_____

3 Do tronco da seringueira extrai-se uma seiva, o látex, que é matéria-prima para a fabricação de borracha. Em quais estados ocorre a exploração de seringueiras?

_____

A extração mineral

O ato de retirar do solo e do subsolo minérios úteis às necessidades humanas é chamado de **extrativismo mineral**. Os minérios têm valor econômico, pois são usados como matéria-prima na fabricação de vários produtos. Observe os diferentes minerais utilizados nas diversas etapas da construção de uma casa.

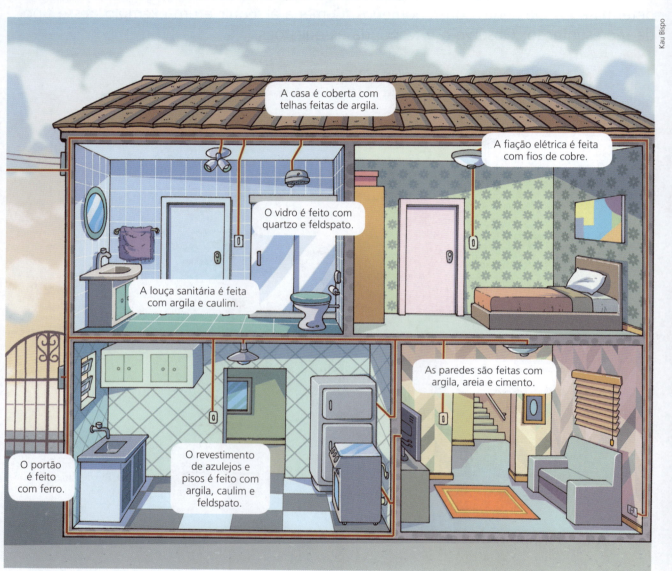

No Brasil são exploradas diversas reservas minerais, algumas há muitos anos. Veja alguns exemplos de minérios e sua utilidade:

- minério de ferro, utilizado para produzir aço, empregado em automóveis, em indústrias de ferramentas, entre outras;
- manganês, também usado para fabricar aço;
- bauxita, minério muito importante para as indústrias automobilística e da aviação. Com ela é feito o alumínio, também utilizado na produção de latinhas de refrigerantes, utensílios de cozinha (panelas, bacias e talheres), janelas e portas.

Atividades

Leia o trecho da notícia a seguir e depois responda às questões 1 e 2.

Extrativismo gera renda para famílias que vivem na Reserva Chico Mendes

[...]

A Reserva Chico Mendes foi criada em 1990 para colocar em prática o sonho do líder seringueiro. Grande parte da área fica entre os municípios de Xapuri e Brasileia. É a maior reserva extrativista do país – quase um milhão de hectares – e abriga cerca de duas mil famílias.

[...]

Ninguém reclama na reserva nem da castanha nem da borracha. Mas outra atividade provoca muita polêmica: a extração de madeira. Há uma serraria que funciona legalmente dentro da unidade de conservação. O lugar tem um plano de manejo florestal aprovado pelos órgãos ambientais.

No plano, algumas árvores são selecionadas para o corte, mas sempre deixando a maioria dos exemplares da mesma espécie em pé, que irão garantir a regeneração daquela área desmatada da floresta.

José Raimundo e Franklin Feitosa. *G1*, 19 abr. 2015. Disponível em: <http://g1.globo.com/natureza/noticia/2015/04/extrativismo-gera-renda-para-familias-que-vivem-na-reserva-chico-mendes.html>. Acesso em: abr. 2019.

1 Onde está localizada a Reserva Chico Mendes e qual é sua importância?

_____

_____

2 Que produtos são coletados na reserva extrativista Chico Mendes e qual é a utilização desses produtos?

_____

_____

3 Complete o quadro com exemplos de produtos obtidos por extrativismo no Brasil.

ANIMAL	VEGETAL	MINERAL

CAPÍTULO 2 — Agropecuária

Poema ilustrado

Leia o trecho a seguir e depois ilustre o poema.

Brasil 500 anos

Brasil terra de ouro,
Ar puro, rios, cachoeiras...[...]
Coberto de muito verde...
Brasil do cacau, café, borracha,
Milho, guaraná, algodão... [...]
E da farinha de pilão... [...]
Brasil de grandes boiadas,
Fazendas, peões e berrantes... [...]

Ângela Bretas. *Conversando com as estrelas – Verso & prosa*. São Paulo: Scortecci, 2002.

1. Quais são os produtos citados no poema?
_____

2. Quais são as atividades econômicas representadas no poema?
_____

3. Forme um grupo com os colegas e, juntos, elaborem quadrinhas referentes às atividades mencionadas no texto. Anotem os versos no caderno.

Atividades do campo

Os versos do poema citam produtos do extrativismo e da agricultura e a atividade pecuária. Denominamos **agropecuária** o conjunto de formas de atividades relacionadas ao plantio e à criação de animais, que abastecem o mercado consumidor e as indústrias.

Observe no infográfico alguns produtos que se destacam na agropecuária brasileira.

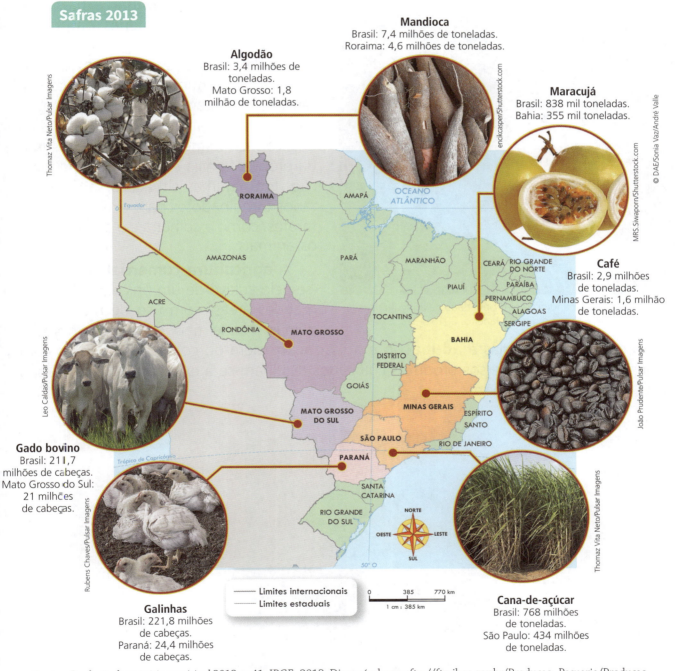

Safras 2013

Algodão
Brasil: 3,4 milhões de toneladas.
Mato Grosso: 1,8 milhão de toneladas.

Mandioca
Brasil: 7,4 milhões de toneladas.
Roraima: 4,6 milhões de toneladas.

Maracujá
Brasil: 838 mil toneladas.
Bahia: 355 mil toneladas.

Café
Brasil: 2,9 milhões de toneladas.
Minas Gerais: 1,6 milhão de toneladas.

Gado bovino
Brasil: 211,7 milhões de cabeças.
Mato Grosso do Sul: 21 milhões de cabeças.

Galinhas
Brasil: 221,8 milhões de cabeças.
Paraná: 24,4 milhões de cabeças.

Cana-de-açúcar
Brasil: 768 milhões de toneladas.
São Paulo: 434 milhões de toneladas.

Fontes: *Produção da pecuária municipal 2013*. v. 41. IBGE, 2013. Disponível em: <ftp://ftp.ibge.gov.br/Producao_Pecuaria/Producao_da_Pecuaria_Municipal/2013/ppm2013.pdf>; *Produção agrícola municipal 2013*. v. 40. IBGE, 2013. Disponível em: <ftp://ftp.ibge.gov.br/Producao_Agricola/Producao_Agricola_Municipal_%5Banual%5D/2013/pam2013.pdf>. Acessos em: abr. 2019.

Plantar e colher

No espaço rural há dois tipos de paisagens: paisagens marcadas pelo desenvolvimento industrial e paisagens nas quais predominam atividades baseadas no uso de técnicas tradicionais, utilizadas há muito tempo por distintas sociedades.

Para cultivar a terra, o ser humano pode usar o solo de diferentes maneiras. Cada sistema agrícola utiliza a terra considerando as técnicas, os instrumentos e a produtividade. De acordo com essa classificação, a atividade agrícola pode ser familiar ou comercial.

▶ Cultivo de mandioca em propriedade de agricultura familiar. Cabo Frio, Rio de Janeiro, 2015.

A **agricultura familiar** é praticada normalmente em pequenas propriedades. Nesse sistema, o agricultor utiliza poucas máquinas e instrumentos mais simples. O plantio, os cuidados com a terra e a colheita são realizados pelo agricultor e seus familiares com o objetivo de produzir alimentos para o consumo da própria família e para a comercialização. Em algumas situações são contratados trabalhadores para executar certas tarefas, como a colheita e o cuidado com os animais.

A **agricultura comercial** caracteriza-se pelo cultivo de um único produto em grandes áreas, com uso de muitas máquinas. Nesse tipo de plantio normalmente são necessárias a **adubação** e a **irrigação**, além do combate às pragas com inseticidas. Nele, diversos produtos cultivados destinam-se à exportação, ou seja, são vendidos a outros países.

Glossário

Adubação: forma de enriquecimento do solo com fertilizantes.

Irrigação: maneira de umedecer a terra para a prática da agricultura.

▶ Colheita de soja com maquinário, atividade da agricultura comercial. Campo Mourão, Paraná, 2017.

Criar animais

Assim como plantar, criar animais é uma atividade diretamente ligada à terra, realizada no espaço rural. Na prática dessa atividade, os produtores utilizam pastagens naturais ou cultivam pastos – que serão usados como alimento para os animais –, fornecem ração, aplicam vacinas; enfim, tomam os cuidados necessários para o desenvolvimento da criação.

Entendendo que trabalhar com pecuária significa criar animais, vamos ver agora quais criações são feitas no Brasil.

A criação de bovinos, também chamada de **bovinocultura**, produz carne (pecuária de corte), leite (pecuária leiteira) e couro. O Brasil é um dos maiores produtores e **exportadores** de carne bovina do mundo, destacando-se no que se refere ao tamanho do rebanho e à modernidade de suas técnicas.

Glossário
Exportador: aquele que vende e/ou transporta algo para outro país.

A **suinocultura** é a criação de porcos para a produção de carne e derivados. O Brasil é um grande exportador de carne suína, em especial a produzida na Região Sul.

A criação de aves apenas para a produção de carne e ovos é chamada de **avicultura**. O frango destaca-se entre as espécies criadas. Também são criados perus, patos, codornas, avestruzes e gansos. O Brasil é um grande produtor e exportador de carne de frango.

Além dessas criações, realizam-se a **caprinocultura** (cabras) para a produção de carne e leite; a **ovinocultura** (ovelhas), para a produção de carne e lã; e a **apicultura** (abelhas) para a produção de mel, própolis e geleia real e para a coleta do pólen, entre outras.

▶ Galpão de criação de frangos, atividade de avicultura. Ipeúna, São Paulo, 2014.

▶ Apicultor transfere colmeia de abelhas de uma caixa de produção para outra. Poconé, Mato Grosso, 2015.

Um pouco mais sobre

O gado abrindo caminho

Historicamente, a pecuária estimulou a ocupação das terras brasileiras, sendo responsável pela colonização do interior da Região Nordeste. A formação das fazendas ocorreu principalmente seguindo o curso de rios, como o São Francisco, que passou a ser chamado de "rio dos currais".

No Sul do Brasil, a presença de boas pastagens favoreceu a criação de grandes rebanhos de bois, vacas, cavalos e mulas, atraindo para a região tanto fazendeiros quanto tropeiros, homens que conduziam o gado da área próxima de onde hoje se localiza Porto Alegre, no Rio Grande do Sul, até Sorocaba, em São Paulo. Os animais eram comercializados nas feiras de gado em Sorocaba e depois seguiam para a região das Minas Gerais.

Nos caminhos usados para conduzir o gado de uma região para outra, vários povoados foram sendo formados.

Observe no mapa ao lado alguns caminhos de tropeiros e as cidades que surgiram em virtude do tropeirismo.

Fonte: *Gazeta do Povo*, 29 nov. 2013. Disponível em: <www.gazetadopovo.com.br/vida-e-cidadania/legado-construido-no-lombo-do-cavalo-47tpgoeb139yfap24ktkwpkcu>. Acesso em: abr. 2019.

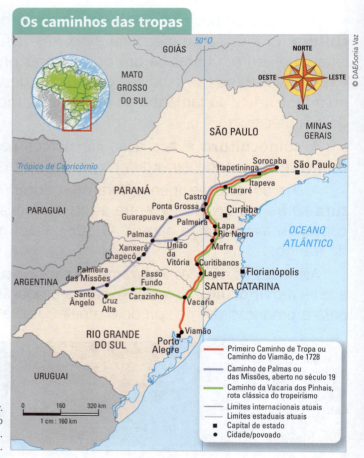

Os caminhos das tropas

1. Qual é a importância do Rio São Francisco para a ocupação e colonização do interior do Nordeste?

___

2. Cite duas cidades que surgiram com o tropeirismo e indique em que estado elas se encontram.

___

Atividades

1. No caderno, escreva um texto sobre a importância da atividade agropecuária no Brasil.

2. Observe as fotografias a seguir, com diferentes sistemas agrícolas. Depois responda à pergunta.

▶ Ilha de Assunção, parte do município de Cabrobó, Pernambuco, 2016.

▶ Campo do Meio, Minas Gerais, 2015.

◆ Qual das imagens retrata a agricultura familiar e qual representa a agricultura mecanizada? Justifique sua resposta.

_____

_____

_____

3. Complete o quadro comparativo sobre as diferentes formas de criação animal.

CRIAÇÃO	ANIMAIS CRIADOS	PRODUTOS OBTIDOS
Bovinocultura		
Suinocultura		
Avicultura		

4. Destaque a página 205, da seção **Encartes**, cole-a em uma folha de cartolina, espere secar, recorte as peças e forme o **Jogo da memória da pecuária**. Jogue com um colega. Cada vez que formar um par, cite o nome da criação e os produtos obtidos com ela.

57

CAPÍTULO 3 — A indústria

Produzindo carimbos

Você já utilizou um carimbo? Vamos confeccionar um? Observe a sequência de imagens e leia o passo a passo. Realize a atividade com os colegas e o professor.

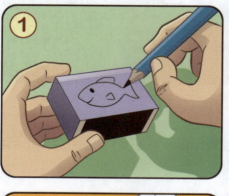
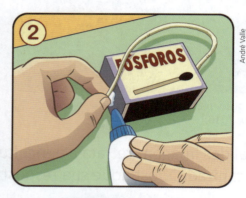

1. Desenhe na face maior de uma caixa de fósforos vazia o contorno da figura que você quer carimbar.
2. Cole ou prenda com fita adesiva um fio de barbante nas laterais, de forma que sirva como uma alça.
3. Passe cola sobre o traçado do desenho.
4. Espere a cola secar e seu carimbo estará pronto. Agora é só providenciar uma almofada de tinta e carimbar suas cartas e bilhetes.

1 Que materiais você utilizou para fabricar o carimbo?

2 Observe os carimbos produzidos pelos colegas. Que desenhos surgiram?

A transformação de produtos

Na atividade da página anterior você pôde transformar produtos: a caixinha de fósforos, a cola e o barbante transformaram-se em carimbo.

Já estudamos que a indústria é a atividade econômica que transforma matérias-primas em produtos industrializados. A maioria dos produtos que consumimos diariamente passou por um processo de transformação. Veja na imagem a seguir a representação de uma refeição com produtos de origem animal e vegetal e produtos industrializados.

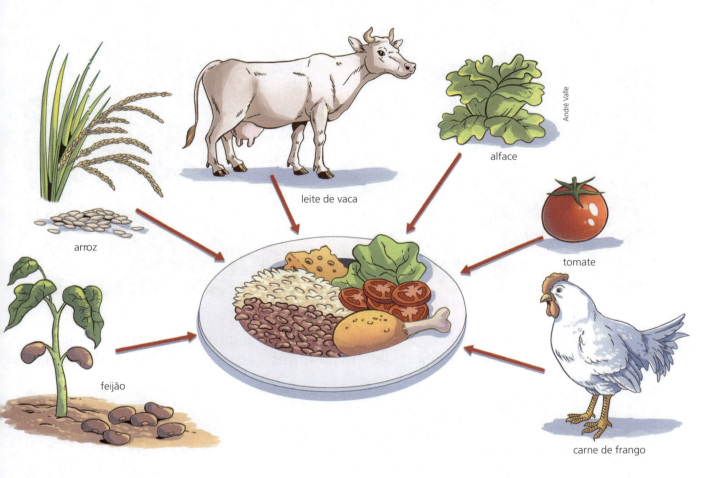

Muitas das indústrias localizam-se perto das cidades, e vários bairros cresceram próximos a elas.

A maior parte das indústrias foi, ao longo do tempo, concentrando-se nas áreas urbanas, por diversos motivos:

- proximidade dos centros de comercialização e consumidores;
- maior número de trabalhadores;
- melhores condições de infraestrutura, como redes elétricas e de abastecimento de água;
- disponibilidade de vias para o transporte das matérias-primas e produtos industrializados.

Se antigamente as indústrias instalavam-se somente em grandes cidades, hoje essa realidade vem se modificando no Brasil.

Atualmente muitas indústrias se instalam em pequenas e médias cidades, que têm interesse em aumentar a oferta de empregos e desenvolver a atividade econômica e, para isso, oferecem vantagens, como impostos mais baixos, terrenos e aluguéis mais baratos. Além disso, o avanço nos sistemas de transporte e a tecnologia industrial possibilitaram que houvesse uma descentralização industrial.

▶ Indústria de tecidos. Macaíba, Rio Grande do Norte, 2014.

Já nas áreas rurais atualmente é possível observar indústrias que transformam as matérias-primas cultivadas ou extraídas em produtos. São as chamadas agroindústrias.

▶ Complexo agroindustrial na zona rural, próximo à área de produção da matéria-prima. Paranavaí, Paraná, 2017.

Cartografar

Observe o mapa e responda às questões.

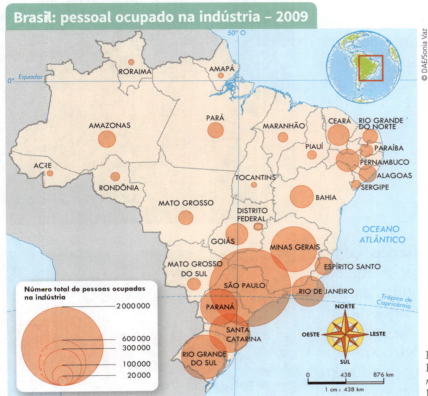

1. O que o mapa representa?

_____

2. De acordo com as informações do mapa, cite o nome dos cinco estados que apresentam o maior número de pessoas empregadas na indústria.

_____

_____

3. O que você considerou para indicar os estados com o maior número de pessoas empregadas pela indústria?

_____

_____

Tipos de indústrias

Na atividade industrial há diferentes tipos de indústrias. Por exemplo, as que produzem peças para outros produtos e as que produzem alimentos. Podemos classificá-las de acordo com o material que produzem. Veja a seguir alguns exemplos.

- **Indústrias de base** são as que transformam matéria-prima para ser utilizada por outras indústrias. As usinas siderúrgicas, que produzem aço; as metalúrgicas, que produzem metais; e as indústrias química e petroquímica são alguns exemplos.

▶ Indústria metalúrgica. Cambé, Paraná, 2016.

- **Indústrias intermediárias**, como as que fabricam peças e equipamentos para outras indústrias. São exemplos as indústrias que fazem ferramentas, peças de automóveis e peças para eletrodomésticos, bem como as que produzem peças de computadores e equipamentos industriais.

▶ Operários em fábrica de montagem de peças para aparelhos de ar-condicionado. Manaus, Amazonas, 2017.

- **Indústrias de bens de consumo**, como as que produzem as mercadorias que serão vendidas aos consumidores finais. Há vários exemplos desse tipo de indústria: de roupas, de calçados, de alimentos, de remédios, de bebidas, de automóveis e de eletrodomésticos.

▶ Indústria de calçados. Franca, São Paulo, 2016.

A agroindústria familiar

Um importante trabalho das agroindústrias é a chamada agroindústria familiar, que se refere ao trabalho das **famílias camponesas** que cultivam pequenas áreas de terra, beneficiam e distribuem sua produção ao mercado consumidor (regional, nacional e internacional).

Além de estimular a cultura local, a agroindústria familiar melhora a qualidade de vida dos produtores no meio rural. A produção inclui derivados do leite, mel, salames, pães, bolos, biscoitos, bebidas, doces, conservas, frutas, verduras e legumes. Essa atividade abrange, também, a produção de flores e mudas de plantas.

▶ Produção de pães e bolos em agroindústria familiar. Jaguari, Rio Grande do Sul, 2015.

Esse tipo de produção industrial pode ser feito em **cooperativas**, onde o trabalho, os equipamentos e os rendimentos são divididos entre os produtores cooperados.

▶ Cooperativa de beneficiamento de castanha-do-pará. Lábrea, Amazonas, 2015.

Atividades

1. Observe a sequência de imagens e escreva um texto relatando a cadeia produtiva.

_____
_____
_____
_____
_____
_____

2 Pesquise três produtos industrializados que são utilizados em sua casa. Em seguida, complete o quadro.

Nome do produto	Matéria-prima principal	Utilidade	Local de produção	Validade

3 Identifique o tipo de indústria onde são fabricados os produtos apresentados nas fotografias. Justifique sua resposta.

▶ Linha de produção de motos. Manaus, Amazonas, 2016.

a) _____

▶ Indústria de motores para automóveis em Camaçari, Bahia, 2015.

b) _____

▶ Indústria metalúrgica em Assaí, Paraná, 2017.

c) _____

CAPÍTULO 4

O comércio

Elemento diferente

Na imagem, as atividades têm um elemento comum. Uma delas, porém, pode ser considerada diferente das outras. Qual delas?

1. Como você identificou a atividade diferente?

2. No local onde vive, você já observou algumas das atividades representadas? Quais?

Comprando e vendendo mercadorias

O **comércio** é uma atividade praticada tanto no espaço urbano quanto no rural. Porém é notável a maior quantidade de estabelecimentos comerciais no espaço urbano. A atividade comercial consiste na compra, venda e troca de mercadorias, que é o nome dado aos produtos comercializados.

No comércio trabalham muitas pessoas, em diversos tipos de atividades, como você pode observar nas fotografias a seguir.

▶ Padaria. Itaporã, Mato Grosso do Sul, 2017.

▶ Farmácia. São Paulo, São Paulo, 2017.

Existe uma grande diversidade de estabelecimentos comerciais, como restaurantes, livrarias, padarias, açougues, borracharias, farmácias, lojas de brinquedos, salões de beleza, *pet shops*, sapatarias, doçarias, lojas de conveniências.

Nos municípios, especialmente nas cidades, observamos também o comércio nas ruas e praças, nas feiras livres, de artesanato e de antiguidades. Há ainda os vendedores ambulantes ou camelôs; muitos desses comerciantes são trabalhadores informais, ou seja, não têm registro do trabalho na carteira profissional nem pagam impostos para exercer sua atividade. Por isso, esses trabalhadores não têm acesso a uma série de direitos trabalhistas, como férias e aposentadoria.

▶ Feira livre. Goiânia, Goiás, 2015.

▶ Feira de artesanato. Caruaru, Pernambuco, 2013.

Um pouco mais sobre

Atenção para o consumo

Você sabe o que é consumismo? A palavra **consumismo** relaciona-se ao consumo excessivo, ou seja, quando compramos produtos ou serviços de modo exagerado. Devemos estar atentos e identificar situações em que somos induzidos ao consumo de determinados produtos, como em propagandas veiculadas nos diferentes meios de comunicação.

De acordo com o **Código de Defesa do Consumidor**, os fabricantes são obrigados a colocar nas embalagens dos alimentos as características, a composição (ingredientes utilizados), o prazo de validade e os eventuais riscos que possam oferecer à saúde e à segurança dos consumidores. É direito do cidadão comprar mercadorias em bom estado de conservação e contendo informações essenciais sobre o produto na embalagem.

Devemos exigir que a lei seja cumprida e denunciar os infratores aos órgãos de vigilância sanitária e de defesa do consumidor.

Em uma embalagem, os ingredientes são descritos na ordem decrescente e na respectiva proporção, ou seja, os que vêm primeiro estão presentes no produto em maior quantidade.

▶ As imagens mostram o rótulo de uma embalagem de suco. A empresa deve listar os ingredientes e as informações nutricionais dos produtos alimentícios.

1 Você já teve atitudes de uma pessoa consumista? Comprou ou quis comprar produtos desnecessários ou de forma exagerada?

2 Analise o rótulo de um produto e localize as seguintes informações sobre ele: validade, composição, restrições etc. Anote no caderno.

Comércio exterior
Importações e exportações

O comércio entre países pode ser realizado por meio de exportações e importações. **Exportação** é a venda para outros países de mercadorias produzidas pela agropecuária, pelo extrativismo vegetal ou mineral ou pela indústria. Tecnologia e serviços também podem ser exportados.

O Brasil exporta vários produtos: soja, café, suco de laranja, frango, ferro, manganês, automóveis e aviões, entre outros. Os principais países que compram esses produtos são a China, os Estados Unidos e a Argentina.

Importação é a compra de mercadorias produzidas em outro país. Entre os produtos importados pelo Brasil destacam-se: petróleo, automóveis, peças para automóveis e remédios. Tecnologia e serviços também podem ser importados. O Brasil importa produtos de muitos países, entre eles, China, Estados Unidos, Japão e Alemanha. Observe no mapa os países com os quais o Brasil mais comercializa. Nele estão representadas as importações e as exportações.

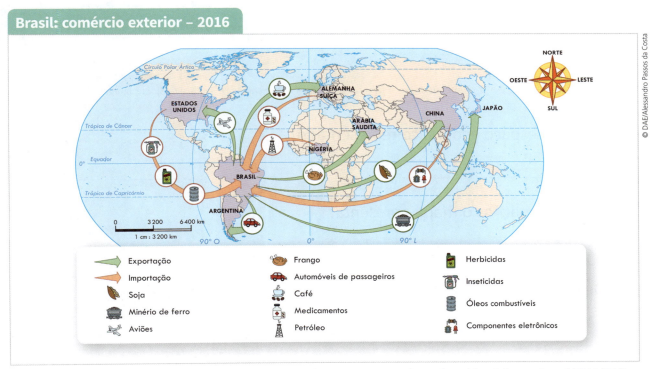

Fonte: Jornal ADVFN. Disponível em: <http://br.advfn.com/jornal/2016/07/lista-dos-principais-produtos-exportados-pelo-brasil-em-junho-de-2016>. Acesso em: abr. 2019.

O comércio internacional, isto é, o comércio realizado entre os países, é regulado por tratados entre as partes envolvidas. Ele possibilita que os países exportadores vençam excedentes de sua produção e que os importadores tenham acesso a itens que não produzem ou cuja produção é insuficiente para atender seu mercado consumidor.

Cartografar

O mapa a seguir mostra as relações comerciais do Brasil com outros países. Observe-o e depois responda às questões.

Fonte: *Atlas geográfico escolar: Ensino Fundamental do 6º ao 9º ano*. Rio de Janeiro: IBGE, 2010. p. 38.

1 Qual é o espaço geográfico representado?
_____

2 Que informações o mapa apresenta?
_____

3 De que forma as informações foram representadas no mapa?
_____
_____

4 É possível observar diferenças no volume das trocas comerciais na representação? Explique.
_____
_____

Atividades

1 Cite as atividades comerciais que você observa próximas ao lugar onde mora e estuda.

_____

_____

2 Complete o diagrama de palavras.
1. Comércio realizado entre países.
2. Compra de produtos de outros países.
3. Venda de produtos para outros países.
4. Um dos países que mais realiza trocas comerciais com o Brasil.
5. Comércio realizado entre estados ou municípios.

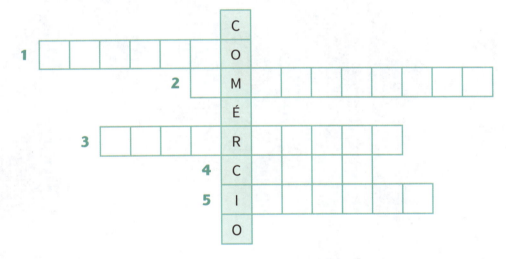

3 O Brasil mantém relações comerciais com vários países por meio de compra e venda de diferentes produtos. Veja, na página 69, alguns produtos brasileiros que são exportados e escreva o nome deles no quadro a seguir identificando a qual atividade econômica pertence cada um.

AGRICULTURA	PECUÁRIA	EXTRATIVISMO	INDÚSTRIA

Como eu vejo

Consumismo e consumo consciente

O excesso de lixo e a degradação do meio ambiente são consequências do consumismo, que, para ser mantido, necessita usar os recursos naturais mais rapidamente do que a natureza é capaz de repor. Por isso, é preciso refletir: Você contribui para um planeta sustentável? Veja as dicas a seguir.

A compra de produtos artesanais valoriza o trabalho, o conhecimento e a cultura local, além da criatividade dos artesãos. Esse tipo de atividade fortalece os pequenos comerciantes e é uma importante forma de combate à exclusão social.

Propaganda enganosa, exploração de mão de obra e venda casada são práticas abusivas que podem ocorrer no comércio. Para evitá-las, é muito importante valer-se do Código de Defesa do Consumidor. O Procon é um órgão público que defende o consumidor dessas práticas.

Como eu transformo

Ajuda local é primordial

 Língua Portuguesa História Ciências Arte

O que vamos fazer?

Um painel que informe a localização de artesãos e produtores locais.

Para que fazer?

Para localizar os artesãos e produtores locais e incentivar a preferência a eles.

Com quem fazer?

Com os colegas e o professor.

Como fazer?

1. Você conhece algum artesão ou produtor local? Compartilhe com os colegas e o professor as informações que tiver acerca desses profissionais e de seus produtos.

Lorelyn Medina/Shutterstock.com

2. Reúna-se com dois colegas para pesquisar informações e imagens dos possíveis locais em que são fabricados produtos artesanais na cidade onde moram ou nos arredores dela.

3. Compartilhem as informações coletadas com os demais colegas da sala de aula e com o professor.

4. Com a ajuda do professor e dos colegas, elabore um painel desses lugares incluindo imagens (mapas, desenhos ou fotografias) e um pequeno texto descritivo com informações sobre cada um deles.

5. Juntos, criem estratégias para divulgar e incentivar a compra local.

Você costuma comprar produtos que são fabricados na região onde mora?

Hora da leitura

Olha a feira!

Leia o poema de cordel a seguir e, depois, faça o que se pede.

A Feira de Caruaru é patrimônio do povo

[...]
Frutas, verduras, feijão,
Farinha de mandioca;
Goma para tapioca,
Penicos, calçados, pão;
Ossada para pirão,
Galinha, pato, peru;
Caroço de mulungu
Para preparar rapé,
Na maior feira, que é
A lá de Caruaru.
Comida típica a granel
Tem ali pro visitante
Bem como para o feirante
Tais como: sarapatel,
Macaxeira, pão de mel;
Batata-doce, buchada;
Xerém, pamonha, coalhada;
Inhame, carne de bode...
Come quem pode e não pode.
Acompanha uma "lapada".
[...]

Rosa Regis. A Feira de Caruaru é patrimônio do povo. *Recanto das Letras*, maio 2010.
Disponível em: <www.recantodasletras.com.br/cordel/2991516>. Acesso em: abr. 2019.

1 Que tipo de atividade econômica foi retratada no poema de cordel?

_____

2 Você já foi em uma feira? Em caso afirmativo, conte para os colegas o que viu e percebeu em sua visita.

3 Qual é a origem da maioria dos produtos que estão à venda nessas feiras?

_____

_____

4 A Feira de Caruaru, retratada no cordel, é um importante mercado ao ar livre em Pernambuco. No poema há palavras regionais que você não conhece? Se sim, pinte-as, pesquise-as e, no caderno, anote o significado delas.

Revendo o que aprendi

1 Explique o que é extrativismo e descreva a prática da atividade extrativa usando um produto como exemplo.

_____

_____

2 Identifique as formas de extrativismo representadas nas imagens.

▶ Mulher cata açaí de ramo recém-colhido. Santarém, Pará, 2017.

▶ Minas de calcário. Almirante Tamandaré, Paraná, 2016.

▶ Pesca de mariscos. Florianópolis, Santa Catarina, 2014.

_____

3 Agricultura e pecuária são atividades que se desenvolvem principalmente na zona rural. Escreva **A** para as palavras que se referem à agricultura e **P** para as palavras que se referem à pecuária.

☐ criação de animais

☐ plantação e colheita

☐ irrigação

☐ carne e ovos

☐ frutas, verduras e legumes

☐ pastagem

4 Observe os mapas quantitativos que estão nas páginas 195 e 196 do **Caderno de cartografia**. Eles representam alguns cultivos no Brasil. Nesse tipo de mapa o tamanho dos círculos é proporcional às quantidades representadas. Responda no caderno:

a) De que forma os cultivos foram representados?

b) Algum dos cultivos representados é praticado em seu estado? Quais?

c) Por que em alguns estados os círculos utilizados para a representação são maiores?

5 Quais são as características da agricultura familiar?

_____

_____

6 Encontre no diagrama as palavras que correspondem às definições a seguir.
   a) Produto utilizado nas indústrias para a fabricação de outros produtos.
   b) Exemplo de indústria de base relacionada à produção de aço.
   c) Produto das indústrias metalúrgicas.
   d) Exemplo de produto da indústria de bens de consumo utilizado na área da saúde.
   e) Indústria que fabrica peças e equipamentos que serão utilizados em outras indústrias.

J	S	I	D	E	R	Ú	R	G	I	C	A	A	S	–	D	X
E	Z	L	N	–	E	U	T	N	A	E	L	N	E	S	M	A
I	N	T	E	R	M	E	D	I	Á	R	I	A	A	E	E	N
K	N	T	E	A	É	B	C	F	E	A	A	–	I	U	T	Z
E	E	B	V	G	D	A	Q	W	O	L	P	J	F	K	A	E
M	A	T	É	R	I	A	–	P	R	I	M	A	A	O	I	N
M	J	B	X	A	O	D	F	Y	U	A	A	B	H	I	S	U
L	Ç	I	O	U	S	A	I	–	K	B	E	A	S	X	V	I

7 Como a atividade comercial é realizada?

_____

8 Explique a diferença entre os termos a seguir.
   a) comércio interno e comércio externo

   _____

   _____

   b) importações e exportações

   _____

   _____

Nesta unidade vimos

- No espaço rural desenvolvem-se atividades como o extrativismo e a agropecuária. No extrativismo, os produtos são extraídos da natureza. A agropecuária envolve a agricultura e a pecuária, proporcionando ao ser humano produtos para o consumo alimentar e fornecendo matéria-prima para a indústria.

▶ A agricultura familiar é uma importante atividade agropecuária do campo, como vimos na página 54.

- A indústria é a atividade econômica que transforma matéria-prima em produtos que serão utilizados pelo ser humano. As áreas mais industrializadas tendem a concentrar maior número de habitantes, em decorrência de maior oferta de emprego e serviços.

▶ As indústrias atraem pessoas e estimulam o crescimento de bairros residenciais próximos, como vimos na página 60.

- O comércio – atividade de compra, venda e troca de produtos – oferece trabalho a um grande número de pessoas. No comércio internacional ocorrem as importações (compra de produtos) e as exportações (venda de produtos).

▶ O comércio interno atende a população local e é praticado no campo e na cidade, como vimos na página 67.

Para finalizar, responda:

- Qual é a importância da agropecuária para as populações do campo e da cidade?
- Por que os governos de cidades médias e pequenas buscam atrair indústrias para seu território?
- Que tipos de atividades comerciais existem em seu município? Dê exemplos.

Para ir mais longe

Livros

▶ **A vida na água**, de Rambharos Jha. São Paulo: Martins Fontes, 2011.

Apresenta cenas cotidianas de pessoas que vivem nas margens dos rios.

▶ **O consumo**, de Cristina Von. São Paulo: Callis, 2009.

Livro com dicas para que todos desenvolvam o hábito do consumo consciente.

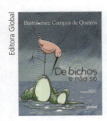

▶ **De bichos e não só**, de Bartolomeu Campos de Queirós. São Paulo: Global, 2016.

Texto poético sobre animais, pessoas e diversas situações do dia a dia.

▶ **Como se fosse dinheiro**, de Ruth Rocha. São Paulo: Salamandra, 2010.

Nesse livro, o personagem Catapimba aprende a função do dinheiro e conhece seu poder de troca.

Filme

▶ **Quebradeiras**. Direção de Evaldo Mocarzel. Brasil: Casa Azul, 2008, 71 min.

Documentário sobre as tradições seculares, as estratégias de sobrevivência e a rica cultura das quebradeiras de coco de babaçu da região do Bico do Papagaio, onde os estados do Maranhão, Tocantins e Pará se encontram.

Sites

▶ **Instituto Akatu:** <www.akatu.org.br>.

Disponibiliza vários vídeos e jogos que alertam para a necessidade de consumir de forma consciente, visando a um futuro sustentável.

▶ **Criança e Consumo:** <http://criancaeconsumo.org.br>.

Apresenta inúmeras informações referentes à relação da criança com o consumo.

UNIDADE 3
Mudanças no campo e na cidade

- Que tecnologias utilizadas no campo estão destacadas na imagem? E na cidade?
- Você considera importante o uso de novas técnicas e equipamentos? Justifique.

Bruna Assis

81

CAPÍTULO 1 — Novas tecnologias no campo

Reconhecendo as máquinas do campo

No campo são utilizadas diversas máquinas que auxiliam o agricultor a melhorar a produção. Descubra qual sombra a seguir corresponde à cena de um agricultor e sua máquina agrícola; depois, circule-a.

1. Você sabe como as máquinas são utilizadas no espaço rural? Conte aos colegas.

Máquinas e novas técnicas no espaço rural

Na atividade da página anterior foi destacada uma importante máquina usada no espaço rural: o trator, que, ao lado de outras máquinas, como semeadeiras e colheitadeiras, teve papel fundamental no desenvolvimento agrícola. É a mecanização do campo.

▶ Semeadeira em plantação de milho. Dourados, Mato Grosso do Sul, 2013.

▶ Colheitadeira em plantação de soja. Formosa do Rio Preto, Bahia, 2017.

Essas máquinas são usadas principalmente nas médias e grandes propriedades agrícolas rurais e facilitam o trabalho no campo transformando o processo de plantio e colheita em operações rápidas e eficientes. Elas substituem um grande número de trabalhadores.

Nas pequenas propriedades rurais, onde se pratica a agricultura familiar, geralmente a mecanização é menor. Em várias tarefas agrícolas, o trabalhador utiliza instrumentos como a enxada, a foice e o **arado** puxado por animais. Em alguns casos, os pequenos agricultores organizam-se na forma de cooperativas, que se caracterizam pela parceria entre agricultores, compartilhando trabalho, equipamentos e rendimentos.

Glossário
Arado: instrumento para revolver o solo, preparando-o para o plantio.

O cooperativismo promove a compra de máquinas e equipamentos para atender várias famílias. Assim, um trator pode servir a mais de uma propriedade rural.

▶ Cooperativa agropecuária em Boa Esperança, Minas Gerais, 2014.

Além das máquinas, que facilitam e agilizam o trabalho no campo, existem técnicas agrícolas úteis para melhorar o solo e manter sua **fertilidade**. Vamos conhecer algumas delas.

- **Drenagem**: técnica que permite o escoamento ou a remoção da água em excesso do solo.

- **Irrigação**: técnica utilizada para umedecer a terra por meio de recursos artificiais.

▶ Drenagem do solo. Faxinal, Paraná, 2012.

▶ Irrigação em campo de cultivo. Delmiro Gouveia, Alagoas, 2015.

- **Adubação**: técnica que consiste em enriquecer o solo pobre de nutrientes para torná-lo mais fértil. O adubo pode ser orgânico (cascas de frutas, restos de alimentos, folhas ou esterco) ou químico (fertilizantes produzidos nas indústrias).

As inovações tecnológicas foram aplicadas nas atividades do campo e possibilitaram o aumento da produtividade. Na pecuária, por exemplo, para tornar o rebanho mais produtivo, aplicam-se vacinas e o gado é alimentado com ração enriquecida.

Entretanto, não são todos os produtores rurais que têm acesso a técnicas que possibilitam o aumento da produção. Em geral, só os grandes proprietários ou as grandes empresas rurais podem pagar por esses produtos e serviços.

▶ Trator aduba solo para plantio de cana-de-açúcar. São Simão, Goiás, 2014.

▶ Vacinação de rebanho bovino. Bom Jesus da Serra, Bahia, 2011.

Glossário

Fertilidade: qualidade de fértil, capacidade de gerar vida, reproduzir. Uma terra fértil é rica em minerais e outras características necessárias ao cultivo de plantas.

Um pouco mais sobre

Hidroponia

Hidroponia: conheça os prós e contras desse tipo de cultivo

Produção de alface hidropônica em estufa. Palmas, Tocantins, 2017.

Plantação de morango hidropônico. Caxias do Sul, Rio Grande do Sul, 2016.

Se durante um almoço em família alguma criança curiosa perguntar de onde vêm as verduras, frutas e hortaliças que estão na mesa, a resposta automática é que são plantadas na terra, certo? Nem sempre. Existem outras formas de cultivo, e uma das que vêm ganhando destaque é a hidroponia, quando as plantas não crescem fixadas ao solo, e sim na água. Neste caso, os nutrientes [de] que elas necessitam para se desenvolver são dissolvidos na água que passa por suas raízes. [...]

O processo de hidroponia apresenta várias vantagens em relação às formas de cultivo tradicionais, como: crescimento mais rápido; maior produtividade; aumento da proteção contra doenças, pragas e insetos nas plantas; economia de água de até 70% em comparação à agricultura tradicional; [...].

Mas o maior atrativo do sistema hidropônico é a **isenção** de resíduos **agrotóxicos**. Ao utilizar a hidroponia, o agricultor também evita a degradação dos solos e a agressão ao ambiente, além de economizar, pois reduz o uso de produtos químicos [...].

Dentre as desvantagens, está o alto custo inicial do processo [...].

Glossário

Agrotóxico: substância química utilizada na agricultura para combater pragas e insetos. Seu uso excessivo pode causar danos às pessoas e ao ambiente.
Isenção: desobrigação.

Nanda Melonio. Hidroponia: conheça os prós e contra nesse tipo de cultivo. *((o))eco*, 4 maio 2012. Disponível em: <www.oeco.org.br/noticias/25959-hidroponia-conheca-os-pros-e-contra-nesse-tipo-de-cultivo>. Acesso em: maio 2019.

Considerando as informações do texto, converse com os colegas e o professor sobre as questões a seguir.

1. Qual é a diferença entre hidroponia e agricultura tradicional?

2. Você considera a hidroponia uma técnica vantajosa para o cultivo de alimentos? Justifique sua resposta.

3. Qual técnica da agricultura tradicional não precisa ser usada na hidroponia, resultando em uma economia muito grande no consumo de água?

Cartografar

Compare os elementos da fotografia e os da planta da área rural. Verifique a forma de representação, a posição e o tamanho dos elementos representados. Depois responda às questões.

▶ Jaguariúna, São Paulo, 2016.

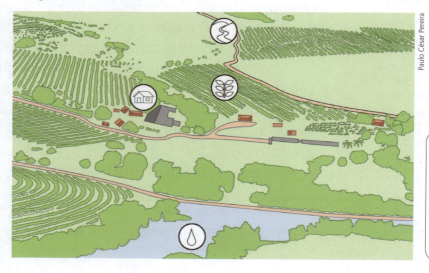

Na figura foram utilizadas cores--fantasia. Os elementos não estão representados proporcionalmente entre si e seu tamanho não corresponde ao tamanho real.

1. Com base na leitura da imagem, que tipo de atividade destaca-se nessa propriedade rural? _____

2. Como foram representados na planta os elementos da fotografia?

Atividades

1 José, Antônia e Pedro compraram terras para plantar. Eles pretendem produzir bastante alimento. No entanto, quando começou a trabalhar na terra, José notou que ela estava muito seca e que as plantas não se desenvolviam bem. Nas terras de Pedro, a questão era diferente: o terreno era muito encharcado e ele não conseguia plantar. Antônia descobriu que a terra que comprou estava pobre em nutrientes. O que aconteceu com os terrenos comprados? Pense em uma solução para os problemas deles.

_____

_____

_____

2 Leia o texto a seguir e responda às questões.

> A mecanização no campo está modificando as relações de trabalho no agronegócio brasileiro. O trabalhador rural, antes contratado para fazer o plantio e a colheita manual de culturas como cana-de-açúcar, café e algodão, agora está controlando máquinas. [...] As vendas de máquinas agrícolas no país são um termômetro da transformação no campo. O número mais que dobrou nos últimos sete anos. Seja no cultivo para exportação ou para consumo nacional, as grandes lavouras de grãos – soja, milho e feijão – já são 100% mecanizadas.
>
> Marinella Castro. Mecanização no campo muda as relações de trabalho. *Estado de Minas*, 14 jan. 2013. Disponível em: <www.em.com.br/app/noticia/economia/2013/01/14/internas_economia,343131/mecanizacao-no-campo-muda-as-relacoes-de-trabalho.shtml>. Acesso em: abr. 2019.

a) Explique o que é "mecanização no campo".

_____

_____

b) Cite duas alterações no espaço rural devido à mecanização da agricultura.

_____

_____

Agricultura e cuidados com o ambiente

Manter as condições necessárias, ao longo do tempo, para a produção de alimentos é um grande desafio. Agricultura ambientalmente correta é a que propõe o equilíbrio entre a produção de alimentos e a conservação ambiental. Veja alguns exemplos de práticas relacionadas ao cultivo de alimentos que preservam o ambiente e auxiliam na conservação do solo.

- **Agricultura orgânica:** é um tipo de cultivo em que não são utilizados fertilizantes químicos nem agrotóxicos. Usam-se adubos orgânicos e métodos naturais para o controle de pragas.
- **Sistema agroflorestal:** é um conjunto de técnicas que concilia produtividade agrícola com proteção ambiental. Plantam-se leguminosas e cereais, por exemplo, junto a árvores frutíferas ou outras que estejam adaptadas ao ambiente. Com esse sistema, o solo não perde fertilidade e as áreas florestais são restauradas.
- **Agrobiodiversidade:** é o conjunto de espécies vegetais e animais utilizado pelas comunidades locais, por povos indígenas e agricultores familiares na prática da agricultura. Envolve o cultivo de diferentes produtos.

▶ As joaninhas são parte do controle natural de pragas, pois alimentam-se dos pulgões que atacam as plantações de laranja. Santa Maria, Rio Grande do Sul, 2016.

▶ Sistema agroflorestal de couve-flor, brócolis e taioba entre plantio de banana, café e eucalipto orgânicos. Brasília, Distrito Federal, 2017.

Há outras técnicas empregadas na agricultura que também contribuem para a preservação do solo. Uma delas é o terraceamento, a construção de degraus nas encostas para proteger os terrenos cultivados da ação das chuvas, comum em países onde o relevo é mais íngreme. Outra técnica é a rotação de culturas, que alterna os produtos cultivados ao longo do ano.

Atividades

1 Identifique na imagem a técnica empregada na agricultura e explique por que essa técnica conserva o solo.

▶ Yen Bai, Vietnã, 2016.

_____
_____
_____
_____

2 Leia o trecho do texto a seguir e faça o que se pede.

Podemos entender sistemas agroflorestais como formas de uso e manejo da terra, nas quais árvores ou arbustos são utilizados em conjunto com a agricultura e/ou com animais numa mesma área, de maneira simultânea ou numa sequência de tempo. Eles devem incluir pelo menos uma espécie florestal **arbórea** ou **arbustiva**, a qual pode ser combinada com uma ou mais espécies agrícolas e/ou animais, isso porque esta espécie florestal fornece produtos úteis ao produtor, além de preencher um papel importante na manutenção da fertilidade dos solos. [...]

Instituto de Pesquisa Ambiental da Amazônia. *Sistemas agroflorestais*.
Disponível em: <http://ipam.org.br/glossario/sistemas-agroflorestais/>. Acesso em: abr. 2019.

Glossário

Arbóreo: próprio de árvore.
Arbustivo: relativo a arbusto, planta com caule lenhoso, menor que uma árvore.

◆ Explique por que a tela ao lado representa um sistema agroflorestal.

_____
_____
_____
_____

▶ Patrícia Yamamoto. Ilustração feita para a publicação *Desenvolvimento rural sustentável: agroecologia e sistemas agroflorestais*, 2014. Aquarela, 29,6 cm × 21 cm.

CAPÍTULO 2
Campo e cidade estão interligados

Qual é o maior?

Você já aprendeu que os ônibus são meios de transporte coletivos utilizados pela população de um município. Observe os ônibus abaixo e descubra: Qual deles é o maior? Pinte-o.

1 Você já usou esse meio de transporte?

_____

2 Que outros meios de transporte são utilizados em seu município?

_____

Do campo para a cidade e da cidade para o campo

Na atividade da página anterior você citou os meios de transporte de seu município.

Os meios de transporte são utilizados para conduzir mercadorias e pessoas. Observe a ilustração a seguir. Nela estão representados alguns deles. Quais são?

Na ilustração estão retratados o espaço rural e o urbano. Você já estudou as características que diferem a paisagem desses espaços e as atividades que neles se desenvolvem.

No Brasil, **atualmente**, a maior parte da população é urbana, ou seja, mora nas cidades. Segundo dados do IBGE, somente 15% do total da população brasileira vive em áreas rurais.

Mas nem sempre foi assim. Na década de **1950**, por exemplo, a quantidade de pessoas que viviam no campo era bem maior do que a de pessoas que viviam nas cidades.

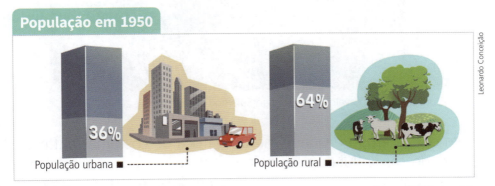

▶ Os gráficos mostram a porcentagem das populações urbana e rural no Brasil em 1950.

Fonte: IBGE. *Anuário Estatístico do Brasil 2000.*

A partir da década de **1970**, o uso de máquinas no campo aumentou. Muitos trabalhadores perderam o emprego, pois uma colheitadeira, por exemplo, substituiu o trabalho de várias pessoas. Além da mecanização, outros fatores – como conflitos pela posse da terra, falta de condições financeiras e de terra para plantio – levaram diversos trabalhadores rurais a abandonar o campo. Como alternativa, as pessoas mudaram-se para as cidades em busca de novas oportunidades. Esse fenômeno é conhecido como **migração campo-cidade**.

Ao chegar às cidades, muitos desses migrantes enfrentaram situações difíceis, como a falta de emprego e de moradia adequada.

▶ Operário de agroindústria de açúcar mascavo. Itambaracá, Paraná, 2016.

Da mesma forma que algumas pessoas se deslocam do campo para viver na cidade, outras buscam oportunidades de trabalho nas áreas rurais. São indivíduos que podem continuar residindo na cidade, mas trabalham no campo. Essas pessoas podem trabalhar em atividades ligadas à terra e à prestação de serviços, bem como à agroindústria.

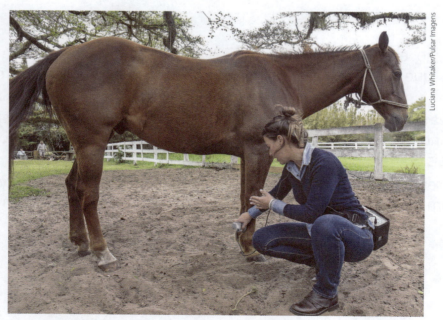

▶ Fisioterapeuta de cavalos. Palmares do Sul, Rio Grande do Sul, 2016.

Nesse vaivém entre campo e cidade, há uma troca de costumes entre os dois locais. Moradores da cidade são influenciados pela cultura rural, por exemplo, na música, na comida e nas vestimentas comuns do campo, como botas e chapéus. Por outro lado, os moradores da cidade levam para o campo, ao se deslocar, hábitos e costumes urbanos.

Um pouco mais sobre

Turismo rural

O turismo rural é uma das atividades econômicas não agrícolas da zona rural. Consiste na prestação de serviços que envolvem atividades de lazer.

Muitas pessoas procuram roteiros rurais para sair da rotina da zona urbana e descansar. Essa atividade turística valoriza o ambiente e a diversidade cultural, além de ser uma alternativa para as famílias do campo complementarem sua renda.

O aumento da quantidade de turistas na região rural gera empregos e mais renda para o campo, mas pode ocasionar problemas ao meio ambiente. Entre eles, podemos citar a poluição das águas, em consequência do lançamento de dejetos nos rios, e o corte de árvores para dar espaço a novas instalações.

Portanto, é importante que a região esteja preparada para receber um grande número de pessoas, evitando comprometer a área.

▶ Hotel-fazenda em Santana dos Montes, Minas Gerais, 2016.

▶ Prática de arvorismo em Canela, Rio Grande do Sul, 2015.

1 Explique o que é turismo rural.

_____

_____

2 Qual é a importância do turismo rural para quem vive nesse local?

_____

_____

3 Se você fosse fazer um passeio turístico à zona rural, de que tipo de atividade gostaria de participar?

Leia a tira a seguir e depois responda às questões 1 e 2.

1 Qual é a preocupação do menino da tira em relação à migração campo-cidade?

___
___
___

2 Você tem a mesma preocupação do menino da tira? Justifique sua resposta.

___
___

3 Em relação às vias e aos meios de transporte de seu município, converse com o professor e os colegas para responder às questões a seguir.

a) Que tipo de via e de meio de transporte são mais utilizados em seu município para interligar a cidade e o campo?

___
___

b) As vias de transporte do município são seguras e estão em bom estado de conservação? Essas vias têm muito ou pouco movimento?

___
___

Observe o gráfico a seguir e responda às questões 4 e 5.

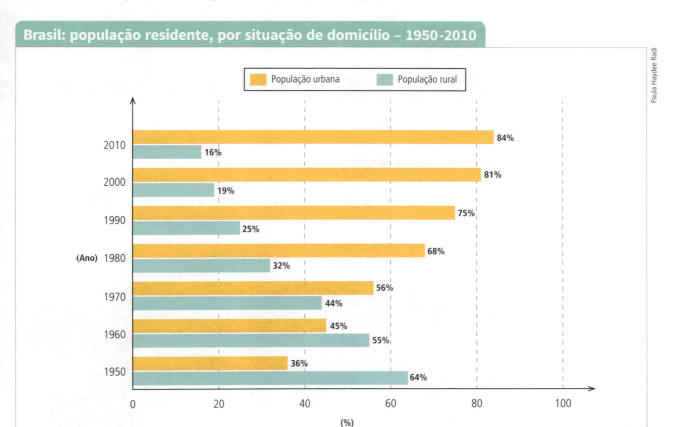

▶ O gráfico mostra a distribuição da população nos espaços urbano e rural nas últimas décadas.

Fonte: IBGE. *Anuário Estatístico do Brasil 2000* e *Censo Demográfico 2010*.

4 A partir de quando a população urbana superou a população rural?

_____

_____

5 Por que muitos trabalhadores deixaram o campo e foram morar nas cidades?

_____

_____

_____

6 Destaque a página 207 dos **Encartes**, recorte os desenhos e cole-os em duas folhas de papel avulsas. Em uma, cole apenas as imagens que mostrem o espaço rural e na outra, imagens do espaço urbano. Complete a paisagem com outros elementos de cada espaço.

CAPÍTULO 3

O crescimento das cidades

As cidades crescem

Esta é a cidade onde Bia nasceu: uma cidade pequena e com poucos habitantes.

1. O tempo passou, Bia cresceu. A cidade em que ela nasceu também foi crescendo e a população aumentou. Em uma folha, desenhe como você imagina que está a cidade hoje. Lembre-se de que algumas construções podem ser mantidas.

A urbanização

Com base na imagem da página anterior, você pôde desenhar o crescimento de uma cidade incluindo novas construções e atividades.

Estudamos que, com o aumento da atividade industrial, a mecanização do campo e o êxodo rural, a população urbana aumentou bastante nos últimos anos.

Observe as imagens que exemplificam essa mudança e compare-as com os mapas a seguir

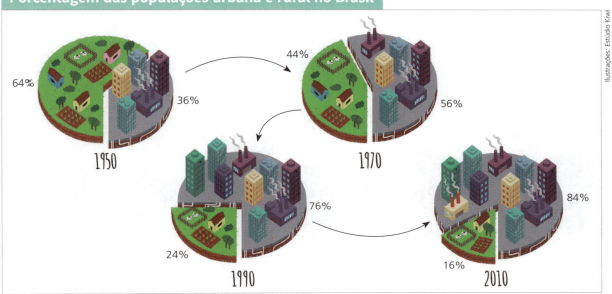

▶ Os gráficos mostram as mudanças nas porcentagens da população rural e urbana no Brasil de 1950 a 2010.

Fonte: IBGE. *Anuário Estatístico do Brasil 2000* e *Censo Demográfico 2010*.

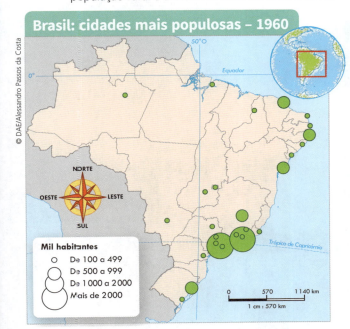

Fonte: Graça Maria Lemos Ferreira. *Atlas geográfico: espaço mundial*. 3. ed. São Paulo: Moderna, 2010. p. 139.

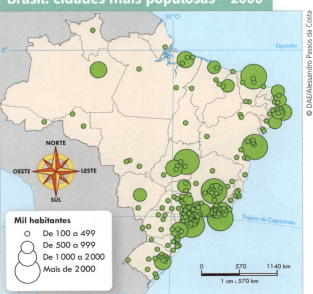

Fonte: Graça Maria Lemos Ferreira. *Atlas geográfico: espaço mundial*. 3. ed. São Paulo: Moderna, 2010. p. 139.

Em um país urbano como o Brasil, a maioria da população vive nas cidades. O aumento da população urbana em relação à população rural está ligado ao fato de que, a partir da metade do século XIX, a indústria tornou-se o setor mais importante da economia brasileira.

O crescimento das cidades pode ser verificado, por exemplo, na ampliação das redes de comunicação e transporte, abertura de novas ruas, instalação de água encanada e energia elétrica, verticalização e aumento do número e tamanho das edificações, ou seja, na construção de muitos e grandes edifícios.

Observe as ilustrações e identifique as transformações nas paisagens.

Ilustrações: Gutto Paixão

Um pouco mais sobre

A cidade cresce e se moderniza

Com o crescimento das cidades, surgem alguns problemas como falta de segurança e congestionamento de veículos.

Avanços tecnológicos têm auxiliado na diminuição desses problemas. Por exemplo, para evitar congestionamentos, ajudar a diminuir o tempo de viagem e o gasto de combustível dos carros e ônibus foram criados "semáforos inteligentes", que controlam o tempo dos sinais de acordo com o fluxo do trânsito. Eles funcionam ligados a sensores, que são colocados no asfalto e detectam a presença de automóveis, deixando o sinal verde o maior tempo possível nas ruas de grande movimento.

Um exemplo de tecnologia que visa à segurança da população são as câmeras de monitoramento instaladas em áreas públicas e ligadas a um sistema de vigilância. Elas possibilitam a visualização simultânea de vários pontos da cidade, inibindo ações criminosas, além de serem úteis no trabalho de investigação policial.

▶ Câmera de vigilância. Imbituba, Santa Catarina, 2016.

1 Qual é sua opinião a respeito do uso da tecnologia nas cidades?

_____

_____

2 Pesquise outros exemplos de tecnologia utilizada nas cidades que facilitam a vida dos moradores.

_____

Cartografar

Observe os mapas e responda às questões a seguir.

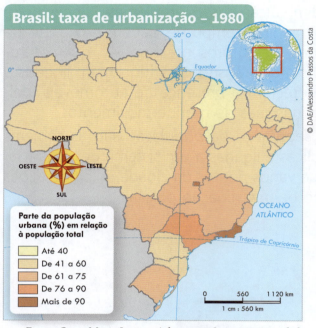

Fonte: Graça Maria Lemos. *Atlas geográfico: espaço mundial*. São Paulo: Moderna, 2013. p. 139.

Fonte: Graça Maria Lemos. *Atlas geográfico: espaço mundial*. São Paulo: Moderna, 2013. p. 139.

1 O que os mapas representam? O que isso significa?

_____

_____

2 Diferentes cores são utilizadas no mapa. O que elas indicam?

_____

3 O que você percebe ao analisar os mapas?

_____

_____

4 Qual é a atual taxa de urbanização em seu estado?

_____

Atividades

Leia o texto e responda às questões 1 e 2.

>Fechemos os olhos e deixemos nossa imaginação andar pela cidade. O que vemos? Inicialmente o perceptível é o concretamente visível: prédios, casas, ruas. [...].
>
>Por outro lado, não podemos deixar de pensar ainda, com olhos fechados, que existe todo um movimento próprio à paisagem, um "vai e vem" de carros e pessoas (apressados ou não). É o ritmo da vida. [...]

Ana Fani A. Carlos. *A cidade*. São Paulo: Contexto, 2003. p. 35. (Coleção Repensando a Geografia).

1 No texto, o que significa a expressão "É o ritmo da vida"?

_____

_____

2 Como você descreveria o ritmo de sua cidade ou o da cidade mais próxima do lugar onde você mora?

_____

_____

_____

3 Observe as fotografias. Elas mostram aspectos do processo de urbanização? Por quê?

▶ Recife, Pernambuco, 2017.

▶ Recife, Pernambuco, 2017.

_____

_____

CAPÍTULO 4
Energia para o campo e para a cidade

Onde está a energia?

Observe as imagens. Elas mostram formas de geração de energia. Complete o quadro abaixo desenhando uma atividade feita por você que necessite de energia vinda de uma dessas fontes.

Leonardo Conceição

1. Que fontes de energia você observou nas imagens?

2. No lugar onde vive, você observa a utilização dessas fontes de energia? Quais?

3. Que outras fontes de energia você conhece?

Importância das fontes de energia

A indústria utiliza enorme quantidade de matéria-prima, ou seja, produtos provenientes da agricultura, da pecuária ou do extrativismo, para transformá-la em objetos usados por nós. Para isso, as indústrias necessitam de determinadas condições, entre elas, receber energia para que as máquinas funcionem.

A energia possibilita a iluminação e o funcionamento de máquinas, veículos e diferentes equipamentos eletrônicos em residências.

A atividade industrial e os transportes são os principais consumidores de energia no Brasil. Observe o gráfico ao lado.

A energia pode vir de diferentes fontes, entre elas: as águas, o Sol, o vento e os combustíveis fósseis, como o carvão, o gás e o petróleo. No Brasil, a principal fonte geradora de eletricidade é a água. No setor de transportes, a principal fonte de energia são os combustíveis fósseis.

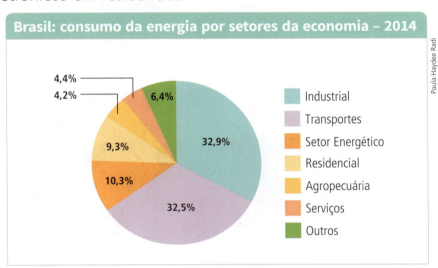

Fonte: Ministério de Minas e Energia. Balanço Energético Nacional.

▶ O gráfico mostra a porcentagem de energia utilizada em cada setor econômico brasileiro em 2014.

A obtenção de energia pode poluir o ambiente e degradar os recursos naturais, por isso é necessário utilizar fontes de energia sustentáveis.

Energia sustentável é a que evita grandes danos ao ambiente e aos seres vivos. Os recursos podem ser explorados por tempo indeterminado, atendendo às necessidades do presente sem comprometer a capacidade de serem satisfeitas as necessidades das gerações futuras. São exemplos de energia sustentável a eólica (dos ventos) e a solar.

▶ Utilizamos energia do vento para mover barcos ou moinhos.

▶ Utilizamos energia do Sol para aquecimento e iluminação.

▶ Há muito tempo os seres humanos já usavam a água para mover moinhos, os quais moíam grãos.

Energia hidráulica

Utiliza a força das águas. É a principal fonte de energia do Brasil, pois aproveita a enorme quantidade de rios extensos, com grande volume de água, que correm em áreas de declive. A energia liberada na queda de grande quantidade de água represada move uma turbina que aciona um gerador elétrico.

A energia hidráulica é responsável por 90% da produção de eletricidade no país. Isso significa que a força das águas proporciona energia elétrica à maioria das moradias e possibilita a realização de atividades econômicas tanto urbanas quanto rurais.

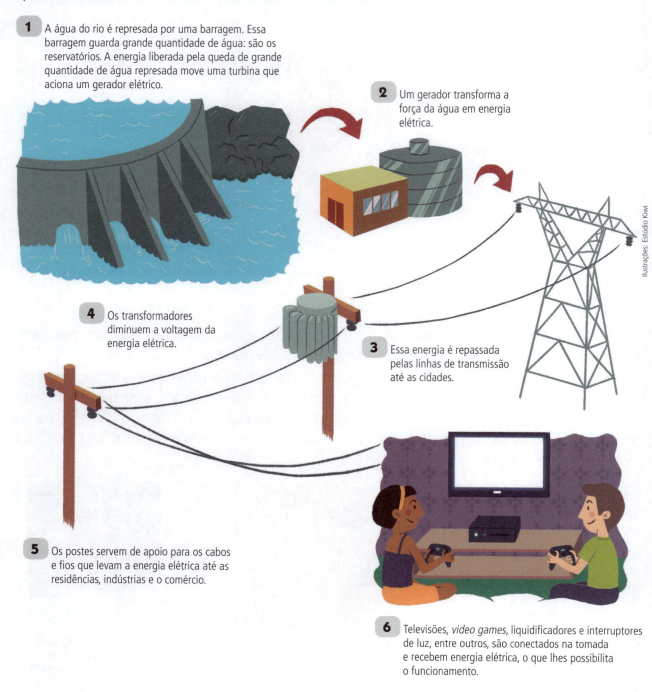

1 A água do rio é represada por uma barragem. Essa barragem guarda grande quantidade de água: são os reservatórios. A energia liberada pela queda de grande quantidade de água represada move uma turbina que aciona um gerador elétrico.

2 Um gerador transforma a força da água em energia elétrica.

3 Essa energia é repassada pelas linhas de transmissão até as cidades.

4 Os transformadores diminuem a voltagem da energia elétrica.

5 Os postes servem de apoio para os cabos e fios que levam a energia elétrica até as residências, indústrias e o comércio.

6 Televisões, *video games*, liquidificadores e interruptores de luz, entre outros, são conectados na tomada e recebem energia elétrica, o que lhes possibilita o funcionamento.

Ilustrações: Estúdio Kiwi

Energia térmica

O petróleo, o carvão mineral e o gás natural geram calor. Esse calor pode ser utilizado para a produção de eletricidade. Nas usinas termoelétricas, as turbinas movimentam-se com o vapor obtido do aquecimento da água causado pela queima desses combustíveis. Esse tipo de energia não é sustentável, é muito poluidor e os recursos naturais utilizados em sua produção não são renováveis.

▶ Complexo termoelétrico. Tubarão, Santa Catarina, 2015.

Energia eólica

O movimento dos ventos é captado por hélices ligadas a uma turbina, que aciona um gerador elétrico. O Brasil tem investido na instalação de hélices para a geração de energia eólica, aproveitando as condições naturais de ventos constantes da Região Nordeste. Essa região produz 50% de toda a energia eólica do país.

▶ Usina eólica em praia do litoral. Trairi, Ceará, 2015.

Energia solar

Lâminas ou painéis recobertos com material semicondutor capturam a luminosidade do Sol para gerar corrente elétrica. Essa forma de energia é uma das menos nocivas ao meio ambiente. O potencial brasileiro para geração de energia solar é enorme, pois a maior parte do território está localizada em regiões expostas à incidência de luz solar durante um número significativo de horas.

▶ Painéis de captação de energia solar. Tacaratu, Pernambuco, 2015.

Energia para movimentar veículos

Os veículos usam fontes de energia para se movimentar. Em nosso país, a gasolina, feita do petróleo, e o álcool, da cana-de-açúcar, são os principais combustíveis utilizados. Alguns veículos, como tratores agrícolas, caminhões e caminhonetes, usam o diesel, óleo obtido do petróleo.

Cartografar

Observe o mapa que representa rios e usinas hidrelétricas em nosso país. Forme uma dupla com um colega e responda às questões a seguir no caderno.

Fonte: Vera Caldini e Leda Ísola. *Atlas geográfico Saraiva*. 4. ed. São Paulo: Saraiva, 2013. p. 36, 46.

1. No território brasileiro há muitos rios. Esse fato pode ser considerado uma vantagem? Justifique.

2. Observe o mapa e escreva o nome de cinco rios brasileiros em que foram construídas usinas hidrelétricas. Se necessário, faça uma pesquisa com a ajuda do professor.

3. De acordo com a regionalização do Brasil feita pelo IBGE, quais são os principais rios da região onde você mora?

Utilização da eletricidade

As energias hidráulica, térmica, solar e eólica podem produzir a eletricidade utilizada nas residências, nas indústrias, no comércio, pelas prestadoras de serviços e nas atividades rurais.

Um pouco mais sobre

Biomassa

O etanol, usado como combustível nos automóveis, é produzido da cana-de-açúcar, um tipo de biomassa. Trata-se de uma fonte de energia renovável, ou seja, não se esgota facilmente devido à rápida velocidade de renovação e capacidade de manutenção, diferente das fontes não renováveis, como o petróleo. O petróleo é originado de restos fossilizados de plantas e animais que viveram há centenas de milhões de anos. Uma vez que as fontes de petróleo se esgotam, elas não podem ser substituídas. Leia o texto a seguir.

A biomassa é uma das fontes para produção de energia com maior potencial de crescimento nos próximos anos. [...] Dela é possível obter energia elétrica e biocombustíveis, como o biodiesel e o etanol, cujo consumo é crescente em substituição a derivados de petróleo como o óleo diesel e a gasolina. [...]

O que é a biomassa

[...] De acordo com a sua origem, pode ser: florestal (madeira, principalmente), agrícola (soja, arroz e cana-de-açúcar, entre outras) e rejeitos urbanos e industriais (sólidos ou líquidos, como o lixo). Os derivados obtidos dependem tanto da matéria-prima utilizada (cujo potencial energético varia de tipo para tipo) quanto da tecnologia de processamento para obtenção dos energéticos.

▶ Transporte de bagaço de cana-de-açúcar para produção de energia elétrica. Valparaíso, São Paulo, 2014.

▶ Restos de madeira para reutilização. Cambé, Paraná, 2015.

Agência Nacional de Energia Elétrica. *Atlas de energia elétrica do Brasil*. 3. ed. Brasília: Aneel, 2008. Disponível em: <www2.aneel.gov.br/arquivos/pdf/atlas_par2_cap4.pdf>. Acesso em: abr. 2019.

1 Com base no texto, escreva duas vantagens da utilização da biomassa.

_____
_____
_____

Atividades

1. Observe e nomeie as fontes de energia indicadas na imagem.

2. Complete o quadro comparativo incluindo uma característica de cada fonte de energia mencionada.

FONTE DE ENERGIA	CARACTERÍSTICA
solar	
eólica	
hidráulica	
térmica	

Como eu vejo

A migração retratada nas artes

A arte é uma das mais belas formas de expressão humana. Por meio dela podemos manifestar emoções e ideias. O processo de migração é tema de diferentes manifestações artísticas. Veja a seguir algumas dessas representações.

Tarsila do Amaral. *Segunda classe*, 1933. Óleo sobre tela, 110 cm × 151 cm.

PINTURA

A pintora Tarsila do Amaral foi uma das maiores expoentes das artes plásticas no Brasil. Nesta obra, *Segunda classe*, Tarsila retrata uma das famílias de migrantes que chegavam de trem às capitais em busca de trabalho.

MÚSICA

São muitas as canções que falam do êxodo rural. As letras tratam da saudade do campo e da esperança em um futuro melhor. Leia a seguir a letra da música de Dom e Ravel e, se possível, ouça a canção.

Êxodo Rural

*Fomos abandonando
os campos
Seguindo pras capitais
Pra construir edifícios
Pra ver se ganhava mais
[...]
Fomos abandonando terras,
rebanhos e plantações
Pra fabricar parafusos,
rolamentos, fios e botões
[...]
Pra construir os seus barracos
entre as nuvens da poluição
[...]*

Dom & Ravel. Álbum: *Brasil, cidade e campo*, 1982.

CINEMA

Os filmes, em seus diversos gêneros, são capazes de entreter, emocionar e divertir muitas pessoas. As animações, geralmente direcionadas ao público infantil, podem também refletir questões de migração, como acontece na animação brasileira *O menino e o mundo*, de Alê Abreu. O filme conta a emocionante história de Cuca, um garoto que mora com os pais em uma casa no campo. Um dia, o pai precisa ir embora de casa, por causa da falta de trabalho, e parte para a cidade grande.

O menino e o mundo. Direção: Alê Abreu. Brasil: Filme de Papel, 2013, 85 min.

Retirantes: malas, sonhos e mancebos, da Trupe Baião de 2.

GRAVURA

A xilogravura é uma técnica artística que consiste em talhar um desenho na madeira, deixando-o em relevo. Então, o relevo é pintado e prensado em um papel, revelando a imagem. No Brasil, é uma arte popular no Nordeste, proveniente da literatura de cordel. Essa gravura, de J. Borges, mostra o caminho dos migrantes do campo em direção à cidade.

J. Borges. *Mudança de sertanejo*, 2014. Xilogravura, 66 cm x 48 cm

ARTE CIRCENSE

A arte circense engloba diversas atividades oriundas do circo. Algumas trupes trazem esses elementos para a rua, em um espetáculo muito próximo do público. A Trupe Baião de 2 retrata a migração no espetáculo *Retirantes: malas, sonhos e mancebos*. Por meio da linguagem circense, a companhia apresenta a história de dois migrantes nordestinos e seus caminhos rumo ao novo lar: a capital paulista.

TEATRO

O teatro é uma forma de arte em que atores interpretam uma história para o público, ao vivo. O espetáculo *Mirar migrar*, produzido por uma trupe mambembe, retrata a migração do povo do campo para a tão sonhada "cidade-progresso". São muitas histórias coletivas e pessoais de gente em busca de uma vida melhor.

Mirar migrar (2017). Teatro de rua. Produção: coletivo EITA Ação Cultural.

LITERATURA

A literatura é a arte da escrita. Por meio dela, de seus romances e poemas, o autor representa nossa cultura e história. No livro *O país de João*, Maria Teresa Andruetto fala sobre a migração das famílias de João e Anarina, que decidem mudar-se do campo para a cidade em busca de trabalho e de uma vida melhor. A vida na cidade parece mais difícil, até o dia em que João e Anarina se cruzam – e vê-se a possibilidade de um futuro melhor.

O país de João, de Maria Teresa Andruetto. São Paulo: Global, 2016.

1. Que representação artística relacionada ao processo de migração mais chamou sua atenção? Explique.

2. Como você representaria os movimentos populacionais? Escolha uma forma de representação (desenhos, poemas, colagens) e apresente seu trabalho aos colegas.

Como eu transformo
Exposição artística

 Arte História Língua Portuguesa

O que vamos fazer?
Uma exposição artística que retrate problemas ambientais e sociais.

Para que fazer?
Para identificar problemas de diferentes ordens na cidade.

Com quem fazer?
Com os colegas, o professor e as pessoas da comunidade.

Como fazer?

1. Converse com os colegas e o professor sobre problemas sociais ou ambientais que ocorrem em sua cidade.

2. Ajude o professor a elaborar uma lista com os principais problemas identificados pela turma e, juntos, pensem em soluções para cada uma das situações observadas.

3. Reúna-se com três colegas e sorteie um dos problemas listados anteriormente. Escolham uma das manifestações artísticas retratadas na seção **Como eu vejo** e, utilizando os materiais disponibilizados pelo professor, montem uma exposição que, por meio da arte, denuncie o problema sorteado e proponha soluções para ele.

4. Convidem a comunidade para ver a exposição de vocês divulgando-a por meio de convites e cartazes.

Você gostou de fazer uma manifestação artística? Por quê?

Hora da leitura

Retratando os espaços

Diversos artistas retratam em suas obras cenas do cotidiano. Observe a pintura a seguir e responda às questões.

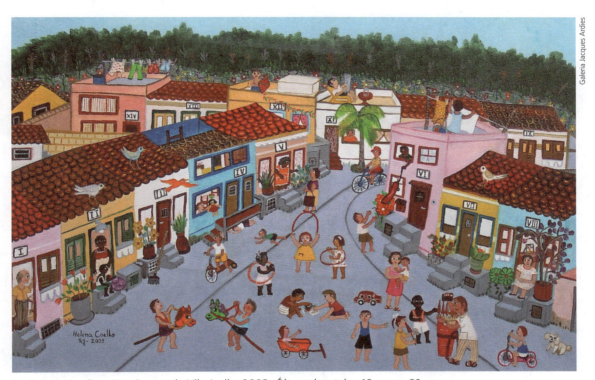

▶ Helena Coelho. *As crianças da Vila Jacilo*, 2003. Óleo sobre tela, 40 cm × 60 cm.

1 A tela mostra um espaço urbano ou rural? Como você chegou a essa conclusão?

_____

_____

2 Quais são os brinquedos e as brincadeiras retratadas na tela?

_____

3 É possível realizar essas brincadeiras no lugar onde você vive? Por quê?

_____

4 Converse com os colegas: Com o crescimento das cidades, cenas como essa são mais ou menos comuns? Por quê?

Revendo o que aprendi

1 As fotografias mostram a mecanização e algumas técnicas usadas no espaço rural. Explique cada uma delas.

a)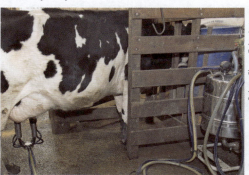
▶ Ordenha de leite mecanizada. São Francisco de Paula, Rio Grande do Sul, 2016.

_____
_____
_____

c)
▶ Sistema de irrigação em plantação de soja na zona rural. São Gonçalo do Abaeté, Minas Gerais, 2014.

_____
_____
_____

b)
▶ Cabritos se alimentam de capim. Além Paraíba, Minas Gerais, 2014.

_____
_____
_____

d)
▶ Colheita de arroz mecanizada. Dona Francisca, Rio Grande do Sul, 2017.

_____
_____
_____

2 Podemos relacionar a charge com a urbanização de um país? Por quê?

_____
_____
_____
_____
_____
_____

3 Complete o diagrama de palavras sobre fontes de energia.
1. É a energia gerada pela força do vento.
2. Usado para produzir combustíveis, como a gasolina.
3. Pode ser utilizado em usinas termelétricas.
4. Utiliza matéria de origem vegetal para produzir energia.
5. Usa os raios solares para gerar energia.
6. É a fonte mais utilizada no Brasil, por causa da grande quantidade de rios do país.

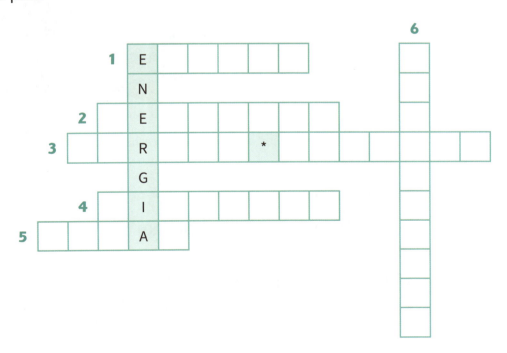

Nesta unidade vimos

- A mecanização nas grandes propriedades rurais transformou o processo de plantio e colheita. Assim, muitos trabalhadores perderam o emprego e, como alternativa, deslocaram-se para as cidades em busca de oportunidades. Esse fenômeno ficou conhecido como êxodo rural.

▶ As grandes máquinas transformaram as paisagens do campo, como vimos na página 83.

- A população urbana aumentou bastante nos últimos anos, provocando o crescimento das cidades. Houve ampliação das redes de comunicação e transporte, abertura de novas ruas, instalação de água encanada e energia elétrica, além de aumento e expansão das construções.

▶ A alta concentração de pessoas nas cidades fez com que grandes construções dominassem as paisagens urbanas, como vimos na página 101.

- As fontes de energia permitem o aumento da capacidade de trabalho dos seres humanos porque possibilitam o funcionamento de máquinas e de veículos, a iluminação e o uso de diferentes equipamentos eletrônicos.

▶ Atualmente, a maioria das atividades exige o uso de energia elétrica, tanto as atividades produtivas como as de lazer ou domésticas, como vimos na página 104.

Para finalizar, responda:
- Quais tecnologias utilizadas no campo podem promover o aumento da produção?
- Qual é a relação entre a industrialização e o crescimento das cidades?
- O que é necessário para o funcionamento de máquinas e veículos?

Para ir mais longe

Livros

- **História do agricultor que fazia milagres**, de Josué Guimarães. São Paulo: IBEP Nacional, 2005.

  Tio Balduíno é um homem muito criativo e conta para os sobrinhos suas ideias mirabolantes para as atividades do meio rural.

- **Um pequeno tratado de brinquedos para meninos quietos da cidade**, de Selma Maria. São Paulo: Peirópolis, 2011.

  Poemas sobre elementos da cidade transformados em brinquedos urbanos.

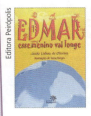

- **Edmar, esse menino vai longe**, de Alaíde Lisboa de Oliveira. São Paulo: Peirópolis, 2006.

  Conta a história de um menino e seu projeto de construir uma cidade-modelo para todo o país.

- **Almanaque do campo**, de Xico Graziano. São Paulo: Panda Books, 2010.

  Trata da origem do agronegócio, do cultivo de vegetais, frutas e hortaliças, da criação de animais, entre outros assuntos.

Filme

- **De onde vem a energia elétrica? Episódio 3**. TV PinGuim.

  Kika quer saber de onde vem a energia elétrica. Assim, ela descobre como funcionam as usinas hidrelétricas e como a energia elétrica chega até nossa casa.

Sites

- **Agricultura familiar no Brasil:** <www.embrapa.br/aiaf-14-agricultura-familiar-no-brasil>.
  Esse *site* apresenta gráficos sobre a agricultura familiar no Brasil.

- **Agroecologia para gente que cresce:** <www.gentequecresce.cnpab.embrapa.br>.
  Traz jogos, fotografias, vídeos e textos relacionados às atividades da fazenda.

UNIDADE 4
O espaço urbano

- O que está representado na imagem?
- Você já observou, no lugar onde mora ou estuda, paisagens como essa?
- Que questões ambientais foram apresentadas na imagem?

CAPÍTULO 1

As cidades

A grande cidade

Destaque a parte de baixo da página 201, recorte as peças e cole-as aqui para montar o quebra-cabeça.

1 Que paisagem surgiu após você colar as peças?
_____

2 Que elementos se destacam nessa paisagem?
_____

3 Que tipos de atividade, elemento e construção caracterizam o lugar onde você vive?
_____

Cidades: surgimento e crescimento

Na atividade da página anterior, você pôde observar uma paisagem urbana.

Sabemos que, independentemente de serem pequenas, médias ou grandes, todas as cidades têm características comuns, como concentração de pessoas, aglomerados de construções, atividades comerciais e serviços.

Mas como as cidades surgiram?

Em nosso país, as primeiras cidades se formaram ao longo do litoral, no **século XVI**. No início, eram pequenos povoados e vilas. Mais tarde, outros povoados e vilas foram surgindo no interior do Brasil. Com o passar dos anos, eles cresceram e se transformaram em cidades. Contudo, como você já estudou, a urbanização só se intensificou quando a indústria se tornou o setor mais importante da economia nacional.

> **Glossário**
>
> **Século XVI:** período entre os anos 1501 e 1600.

As cidades se transformaram com o estabelecimento de meios de comunicação, a abertura de ruas e outras vias, a implantação de encanamentos de água e esgoto e a instalação de rede de energia elétrica. E essas modificações ocorreram para atender às novas necessidades da população, dando origem a um novo espaço – o urbano-industrial, ou seja, o espaço da cidade em combinação com as indústrias.

Esse crescimento aconteceu tanto de modo vertical, isto é, com a construção de edifícios, quanto de modo horizontal, com a expansão dos bairros. Observe nas fotografias as transformações que ocorreram na paisagem com o crescimento da cidade do Rio de Janeiro.

▶ Largo do Paço. Rio de Janeiro, Rio de Janeiro, c. 1894.

▶ Largo do Paço. Rio de Janeiro, Rio de Janeiro, 2016.

Casa para morar

Com o crescimento das cidades, verifica-se uma maior necessidade de serviços, como os de saneamento básico, saúde e educação. Além disso, é preciso haver mais moradias para abrigar a população urbana. Ter moradia é direito de todo cidadão. Mas muitos dos habitantes das cidades não possuem uma residência.

▶ Pessoa em situação de rua. Marília, São Paulo, 2016.

▶ Idosos sem-teto em residência ocupada pela Frente de Luta por Moradia (FLM). São Paulo, São Paulo, 2015.

As diferenças sociais e econômicas entre a população se manifestam na forma de morar e na localização das moradias. Observe as fotografias a seguir.

▶ Morro dos Prazeres. Rio de Janeiro, Rio de Janeiro, 2014.

▶ Condomínio de residências de alto padrão. Ipojuca, Pernambuco, 2013.

De forma geral, nas cidades, os bairros com melhor infraestrutura têm os terrenos mais caros e são habitados por pessoas com melhores condições financeiras. Por outro lado, os bairros com menos infraestrutura têm terrenos mais baratos e construções mais simples.

Muitas pessoas, por falta de dinheiro e acesso a moradias populares, constroem precariamente suas residências em áreas que oferecem riscos, como as encostas de morros (sujeitas a deslizamento de terra) e as margens de rios e represas (sujeitas a enchentes).

Um pouco mais sobre

Cidades maiores influenciam as menores

O intenso comércio de produtos estabeleceu ligação tanto entre o campo e a cidade quanto entre as próprias cidades.

Algumas cresceram muito e se tornaram metrópoles: cidades que concentram grande atividade comercial, industrial e de prestação de serviços. As metrópoles abrigam em seu entorno uma área metropolitana, formada por outros municípios que, embora tenham autonomia administrativa, são influenciados por ela e dependem dela na realização de suas atividades econômicas, culturais, de saúde e de lazer.

É comum pessoas morarem em um município da região metropolitana e se deslocarem para a cidade maior para trabalhar, estudar em universidades, fazer tratamento de saúde em hospitais de referência ou assistir a grandes espetáculos, entre outras atividades.

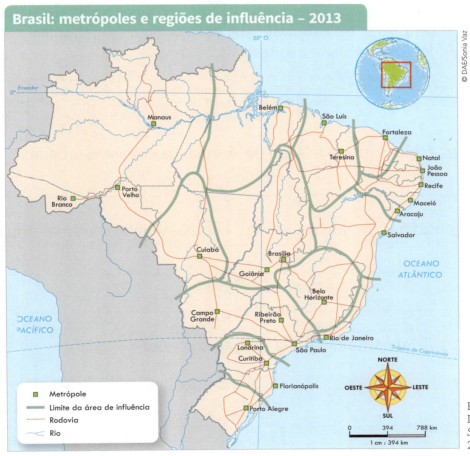

Fonte: Vera Caldini e Leda Ísola. *Atlas geográfico Saraiva*. São Paulo: Saraiva, 2013. p. 64.

1 De acordo com o texto, qual é a importância das metrópoles?

2 Você vive em uma metrópole ou alguma metrópole exerce influência no município onde você vive? Qual?

Atividades

Leia o texto e responda às questões de 1 a 3.

A relação de vizinhança na cidade e no campo tem sentidos bastante diferentes. Obviamente nos dois casos está ligada a uma relação de proximidade e de amizade. Na cidade, essa proximidade é considerada, entre as habitações, as casas, uma proximidade física. Meu vizinho é aquele que mora ao meu lado, mas com quem eu não tenho obrigatoriamente contato. Aliás, às vezes, prefere-se não ter contato. Apenas um contato superficial, formal, onde cada um tem a liberdade de fazer o que deseja sem ser perturbado pelo outro.

Enquanto na cidade a proximidade entre habitações define os vizinhos, no campo, a proximidade física entre as propriedades de terra é quem define essa noção de vizinhança e não as habitações. A proximidade é aqui ligada à relação pessoal entre os indivíduos. Não há quadras, não há ruas, as referências são frequentemente da natureza. Meu vizinho é aquele com quem eu tenho relação de amizade, sabendo que essa amizade é baseada também numa troca de ajuda mútua, podendo dizer inclusive de preservação da vida.

José Antenor Viana Coelho. Cultura urbana e cultura rural: diferentes olhares. In: III JORNADA INTERNACIONAL de Políticas Públicas, São Luís, Maranhão, 2007. *Trabalhos*. Disponível em: <www.joinpp.ufma.br/jornadas/joinppIII/html/Trabalhos/EixoTematicoG/0162c43e3e75a9e794f3JOSE%20ANTENOR%20VIANA%20COELHO.pdf>. Acesso em: abr. 2019.

1 Segundo o texto, o que causa a relação de vizinhança em áreas urbanas?

_____

2 O que o autor considera "contato superficial" entre os vizinhos de áreas urbanas?

_____

_____

3 Você tem muitos vizinhos? Como é sua relação com eles?

_____

_____

4 Ter uma moradia digna em um lugar seguro e com saneamento básico é direito de todo cidadão. No município onde você mora, esse direito é assegurado a todas as pessoas?

_____

Para fazer as atividades a seguir com o professor e os colegas, considere o local onde está sua escola ou, se você for um morador de área rural, a cidade mais próxima.

5 Qual é o nome do município?

_____

6 Que atividades predominam na cidade: comércio, indústria ou prestação de serviços?

_____

_____

_____

7 Quais são os destaques nas áreas econômica e cultural?

_____

_____

_____

8 Represente com um desenho um aspecto importante de sua cidade.

CAPÍTULO 2 — Cuidando do ambiente urbano

Verificando o grau de poluição do ar

A poluição do ar muitas vezes pode não ser notada por não ser visível. Mas existem outras formas de percebê-la. Para fazer a atividade a seguir, você precisará de envelopes, uma caneta e um guardanapo de papel branco ou um pedaço de papel higiênico.

Com o professor e os colegas, faça um passeio pelas redondezas da escola. Escolha uma árvore ou outra planta e colete algumas folhas. Atenção: as folhas devem estar em uma altura que você consiga alcançar para arrancá-las sem precisar subir na árvore ou em muretas. Em cada envelope, anote o local onde as folhas foram coletadas: em uma praça, em uma rua, na escola etc. Depois, coloque as folhas dentro deles.

Ao retornar para a escola, passe o pedaço de papel sobre as folhas. Comente com os colegas o resultado.

Kau Bispo

1. Entre as folhas coletadas pela turma, quais apresentaram mais sujeira?

2. Em que locais elas foram colhidas?

3. Quais são as características desse lugar: Há muito movimento de veículos? Existem indústrias por perto? Há muitas ruas sem asfalto?

A qualidade do ar

Um dos elementos fundamentais para a vida na Terra é a camada de ar que envolve nosso planeta – a **atmosfera**.

A atmosfera é constituída por vários gases – principalmente nitrogênio e oxigênio – e vapor de água, além de poeira e outras partículas.

▶ O gás oxigênio presente na atmosfera é indispensável para a sobrevivência dos seres humanos.

Na figura foram utilizadas cores-fantasia. Os elementos não estão representados proporcionalmente entre si e seu tamanho não corresponde ao tamanho real.

Fonte: Vera Caldini e Leda Ísola. *Atlas geográfico Saraiva*. 4. ed. São Paulo: Saraiva, 2013. p. 18.

▶ A maior parte da atmosfera é composta de nitrogênio.

Mesmo reconhecendo a importância do ar atmosférico para a vida no planeta, sua qualidade está bastante comprometida devido às atividades que realizamos.

Como vimos na atividade da página anterior, o ar pode conter poluentes como fumaça e fuligem. Os poluentes lançados no ar podem nos causar doenças pulmonares (asma e bronquite), provocar danos à vegetação, contaminar o solo e comprometer a visibilidade.

▶ Criança faz inalação para aliviar a bronquite. Rio de Janeiro, Rio de Janeiro, 2017.

▶ Pessoas usam máscara por causa da poluição. Pequim (Beijing), China, 2015.

Nas cidades, as atividades humanas, principalmente as realizadas em indústrias, e a maior utilização de automóveis provocam a poluição do ar, isto é, a formação de partículas sólidas e **gases tóxicos** nele.

> **Glossário**
>
> **Gás tóxico:** gás que contém substâncias venenosas que fazem mal à saúde.

▶ Emissão de poluentes por usina produtora de álcool e açúcar. Planalto, São Paulo, 2016.

▶ Congestionamento de veículos com poluição visível ao fundo. São Paulo, São Paulo, 2016.

Algumas práticas na área rural também causam a poluição do ar, como os incêndios florestais e as queimadas, realizadas por alguns agricultores na limpeza do terreno e liberação de áreas para plantio e, principalmente, pastagem do gado.

Além de conter gases e fuligem decorrentes das queimadas, o ar pode ter resíduos de agrotóxicos e pesticidas, que podem provocar a intoxicação de pessoas.

▶ Queimada intencional para criação de área de pasto. Tucumã, Pará, 2016.

▶ Pulverização de inseticida em pomar de laranjas na zona rural. Bebedouro, São Paulo, 2013.

Um pouco mais sobre

Ilhas de calor

Nas grandes cidades, com o elevado número de indústrias e edificações, formam-se as chamadas "ilhas de calor": áreas com temperaturas mais elevadas do que as da redondeza. Isso ocorre normalmente nas áreas centrais das cidades, onde em geral se concentram as atividades comerciais e onde há grande quantidade de construções, calçadas, vias asfaltadas e veículos.

O concreto das edificações, a pavimentação das ruas e avenidas, a redução das áreas verdes e a poluição atmosférica concentram calor e, consequentemente, elevam a temperatura, tornando o ar mais quente e seco. Observe a ilustração a seguir.

1 No lugar onde você mora predominam áreas verdes ou construções e vias asfaltadas com intenso tráfego de veículos?

2 Você já percebeu diferença de temperatura entre locais arborizados, como parques, e locais em que há muitas construções?

Atividades

Leia a tira a seguir e responda às questões de 1 a 3.

1. A que forma de poluição do ar ela se refere?

_____

_____

2. No lugar onde você vive existem formas de evitar problemas como os apresentados na tira?

_____

3. Há, próximo a sua escola ou moradia, formas de poluição como a mostrada na tira ou de outro tipo? Quais?

_____

4. Vimos que vários fatores causam poluição atmosférica, mas algumas atitudes podem ser adotadas para melhorar a qualidade do ar. Pinte de cinza o fator poluidor e de verde uma medida para melhorar a qualidade do ar.

- ☐ chaminé das fábricas
- ☐ melhorias no transporte público
- ☐ aumento de áreas verdes
- ☐ muitos automóveis circulando nas ruas
- ☐ uso de bicicletas
- ☐ queima de lixo

Leia o texto e responda às questões de 5 a 7.

A importância das áreas verdes para a qualidade ambiental das cidades

As áreas verdes são importantes para a qualidade ambiental das cidades [...].

[...]

A falta de **arborização**, por exemplo, pode trazer **desconforto térmico** [...], e como essas áreas também assumem papel de lazer e recreação da população, a falta desses espaços interfere na qualidade de vida [...].

[...]

Entende-se que a população urbana depende, para o seu bem-estar, não só de educação, cultura, equipamentos públicos, mas também de um ambiente com qualidade [...].

Valéria Lima e Margarete Cristiane de Costa Trindade Amorim. *Revista Formação*, n. 13, p. 139-165. Disponível em: <http://revista.fct.unesp.br/index.php/formacao/article/view/835/849>. Acesso em: abr. 2019.

> **Glossário**
>
> **Arborização:** plantação, cultivo de árvores.
>
> **Desconforto térmico:** no texto, significa incômodo em relação às temperaturas e à umidade do ar.

5 De acordo com o texto, qual é a importância das áreas verdes?

_____
_____
_____
_____

6 Que elementos são citados como importantes para o bem-estar da população urbana?

_____
_____

7 O texto faz referência a um "ambiente com qualidade". Você considera que há qualidade ambiental no lugar onde mora? Por quê?

8 O espaço rural também pode apresentar poluição atmosférica. Cite situações que comprometem a qualidade do ar nesse ambiente.

_____
_____

CAPÍTULO 3
Cuidados com o meio ambiente nas cidades

Descobrindo um grande problema

Como você estudou, existem muitas formas de poluição. Complete o desenho ligando os pontos e descubra uma delas. Depois, pinte a ilustração.

1. O que há de errado no passeio de barco dos personagens da ilustração?

2. Escreva, no balão do quadrinho, o que você acha que a menina está falando.

Agressões ao ambiente urbano

Além da poluição do ar, existem outros tipos de agressão ao ambiente urbano. Vamos conhecê-los e refletir sobre o que pode ser feito para diminuir os impactos ambientais e melhorar a qualidade de vida da população.

Poluição sonora

Nas grandes cidades, o barulho das construções, do vaivém de automóveis, dos alarmes, sirenes e buzinas e da música em volume muito alto provocam poluição sonora.

Esse tipo de poluição afeta a saúde da população e pode causar estresse, insônia e irritação. Algumas medidas que ajudam a diminuir a poluição sonora são: reduzir o número de veículos circulando nas ruas e escutar música em volume mais baixo.

Poluição visual

O grande número de cartazes, placas, *outdoors*, fios de eletricidade e pichações nos centros urbanos gera poluição visual. Esse tipo de poluição causa desarmonia no espaço, desconforto visual e aumento do índice de acidentes de trânsito. Isso ocorre porque o excesso de informação distrai motoristas e pedestres. Além disso, placas em grande quantidade e mal distribuídas atrapalham a mobilidade de pedestres.

▶ Pichação em escadaria. São Paulo, São Paulo, 2014.

Poluição das águas

Em muitas cidades, o esgoto doméstico e industrial é jogado diretamente nos rios ou no mar sem receber o devido tratamento. O esgoto é um dos principais causadores da morte de peixes e de outros seres vivos que habitam esses ambientes e de doenças na população que entra em contato com essas águas.

Um sistema adequado de coleta de lixo e de tratamento de esgotos é fundamental para

▶ Lixo acumulado nas margens do Rio Tietê. Salto, São Paulo, 2017.

a qualidade das águas urbanas. São necessários maiores investimentos governamentais e melhor redirecionamento dos valores obtidos com a cobrança de impostos.

No mundo todo, muitos rios que cruzam as cidades foram despoluídos e se tornaram local de lazer para os habitantes.

Atividades

Observe a imagem e depois responda às questões de 1 a 4.

1 Que problemas estão retratados na imagem?
_____
_____

2 Esses problemas ocorrem no espaço urbano ou no rural?
_____

3 No lugar onde você mora, esses problemas são comuns? Por quê?
_____
_____

4 Que consequências isso acarreta para a vida das pessoas e o meio ambiente?
_____
_____
_____

Mobilidade urbana

Um problema que tem se tornado comum nas áreas urbanas são os congestionamentos provocados pelo grande número de veículos nas ruas. Muitas pessoas escolhem ter um carro, seja por conforto, seja por morar em bairros onde as opções de transporte público são reduzidas e de má qualidade. Nas metrópoles, elas acabam ficando paradas em congestionamentos cada vez maiores, pois as ruas não são suficientes para tantos automóveis.

Além do desconforto do congestionamento, a fumaça que sai dos escapamentos dos carros polui o ar que respiramos. Soluções inovadoras para os problemas decorrentes co trânsito estão sendo pesquisadas, descobertas e já utilizadas em algumas cidades, tornando o trânsito mais funcional e sustentável. Conheça algumas delas.

Bicicleta

A bicicleta é uma solução em duas rodas, pois representa uma alternativa de locomoção pelas cidades. A implantação de ciclovias e de ciclofaixas possibilita pedalar com mais segurança.

Nas ciclovias há um limite físico, como meio-fio ou blocos de concreto, separando as bicicletas dos demais veículos.

Identificadas com uma faixa pintada no chão, as ciclofaixas são partes das ruas e avenidas destinadas exclusivamente a ciclistas.

▶ Ciclovia no Recife, Pernambuco, 2016.

▶ Ciclofaixa em Brasília, Distrito Federal, 2016.

Ônibus

Um transporte público eficiente e menos poluente também é uma alternativa para diminuir a poluição do ar nas cidades. Ônibus movidos a eletricidade e biodiesel, chamados hibribus, são mais silenciosos e menos poluentes. Ter faixas exclusivas para ônibus também diminui o tempo de circulação e, consequentemente, a quantidade de poluentes despejados no ar.

▶ O hibribus utiliza um motor a diesel para dar partida e um motor elétrico para se locomover, emitindo 90% menos fumaça que o ônibus tradicional. Curitiba, Paraná, 2016.

Metrô

Além de transportar muitas pessoas ao mesmo tempo, o metrô – um transporte coletivo urbano sobre trilhos – é uma alternativa para diminuir a poluição do ar, já que é movido a energia elétrica – ou seja, não polui.

▶ Passageiros em uma estação de metrô em Teresina, Piauí, 2015.

Atividades

1 Observe as fotografias a seguir. Nelas há exemplos que podem auxiliar na melhoria da mobilidade urbana? Justifique sua resposta em cada fotografia.

▶ Ciclovia em Boa Viagem. Recife, Pernambuco, 2017.

▶ Usuários embarcam em metrô. Salvador, Bahia, 2017.

_____

_____

_____

▶ Veículos trafegam em avenida. Rio de Janeiro, Rio de Janeiro, 2016.

▶ Trem que liga as cidades de Juazeiro do Norte e Crato. Juazeiro do Norte, Ceará, 2015.

_____

_____

_____

137

Comunicação e novas tecnologias

Vimos, anteriormente, alguns exemplos de mudanças nos meios de transporte que melhoram a mobilidade urbana.

Da mesma forma, nas últimas décadas, novas tecnologias possibilitaram grandes avanços nos meios de comunicação.

▶ Fila para uso do telefone público, chamado de orelhão. São Paulo, São Paulo, 1991.

▶ Pessoas falam ao celular. Rio de Janeiro, Rio de Janeiro, 2014.

A tecnologia digital e a comunicação em rede proporcionaram maior agilidade na transmissão e distribuição das informações, incluindo textos, imagens, vídeos e sons. O avanço das tecnologias e dos meios de comunicação também influenciou diversos setores da economia, como, por exemplo, a indústria, com a oferta de novas máquinas e equipamentos. As relações comerciais também mudaram muito, em especial devido à possibilidade de realizar compras pela internet.

▶ Realização de videoconferência.

▶ Antena parabólica em palafita no Rio Curuçá. Barreirinha, Amazonas, 2015.

Atividades

1 Quais meios de comunicação você costuma utilizar?

_____

_____

2 Como o avanço tecnológico dos meios de comunicação tem alterado as formas de agir e de pensar e a relação entre as pessoas? Cite um exemplo.

_____

_____

_____

3 Entreviste uma pessoa adulta e pergunte a ela quais foram as principais mudanças que ela percebeu nos seguintes meios de comunicação no decorrer dos anos:

a) televisão;
b) telefone;
c) jornais.

Anote as respostas e compare-as com as dos entrevistados dos colegas.

_____

_____

_____

_____

_____

_____

_____

CAPÍTULO 4

Os serviços públicos

Elemento estranho

As imagens a seguir mostram serviços públicos que devem ser garantidos à população, exceto uma delas, na qual não está representado um serviço público. Circule essa imagem e pinte somente as que mostram serviços públicos.

1. Quais serviços públicos foram mostrados nas imagens?

2. Quais desses serviços são encontrados no lugar onde você vive?

O que são serviços públicos?

Na atividade da página anterior, você identificou alguns serviços públicos que devem ser oferecidos no lugar onde vivemos. Eles devem atender às necessidades das pessoas no que se refere a educação, lazer, coleta de lixo, água tratada, luz elétrica, segurança, entre outras.

Os serviços públicos são administrados pelos governantes, e os cidadãos devem cuidar dos locais onde são disponibilizados, pois pertencem a todos nós. Parte do imposto pago pela população deve ser destinada ao funcionamento desses serviços, que devem ser oferecidos a toda a população, tanto da **zona urbana** quanto da **zona rural**.

- Os governantes devem construir e manter escolas públicas, bem como contratar professores e funcionários em número adequado para o atendimento dos alunos.

▶ Lençóis, Bahia, 2014.

- Além disso, um dos direitos básicos do ser humano é o direito ao lazer, isto é, poder dedicar tempo para repouso, divertimento, entretenimento ou informação. Os governantes são responsáveis por destinar parte do dinheiro dos impostos à construção e manutenção de espaços próprios para a população fazer essas atividades.

▶ Morrinhos, Goiás, 2015.

- O transporte público – ou transporte coletivo – é fornecido à população tanto por empresas públicas como privadas. Nos lugares onde vivemos há veículos de transporte coletivo, assim chamados porque transportam várias pessoas ao mesmo tempo. Para usá-los, é necessário pagar a passagem.

▶ Salvador, Bahia, 2015.

- A iluminação pública é essencial à qualidade de vida da população, pois possibilita o uso dos espaços públicos no período da noite com mais segurança e conforto.

▶ Belo Horizonte, Minas Gerais, 2016.

- A segurança pública garante a proteção dos direitos individuais. Nos bairros, as autoridades responsáveis pela segurança geralmente são representadas pelas polícias civil e militar e pelo Corpo de Bombeiros.

- Os hospitais e postos de saúde oferecem atendimento médico à população. Os governantes são responsáveis pela construção de postos de saúde e hospitais e pela contratação de profissionais para atender os pacientes e ajudar na prevenção de doenças.

▶ Presidente Prudente, São Paulo, 2016.

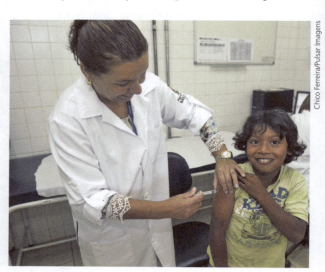

▶ São Paulo, São Paulo, 2016.

Um pouco mais sobre

Alfabetização

Leia o texto e faça o que se pede.

> Vivemos num mundo rodeado de coisas escritas. Basta sair à rua e olhar: é o jornaleiro cheio de revistas, jornais e livros; é a placa da rua, do ônibus, da loja; são os cartazes de propaganda, as embalagens dos produtos. E conseguimos ler e entender tudo. Não é maravilhoso? Eu não consigo me lembrar do tempo em que não sabia ler e escrever. [...] Pense um pouco em tudo o que você faz por saber ler e escrever e em tudo o que não poderia fazer se não soubesse... Pensou? [...]

Lia Zatz. *Aventura da escrita: história do desenho que virou letra*. São Paulo: Moderna, 2004. p. 4 e 47.

1. Ler e escrever são necessidades cotidianas. Identifique o trecho do texto que justifica essa afirmação e o circule.

2. Dê outros exemplos da necessidade de saber ler e escrever.

Cartografar

Em dupla, observem o mapa e, depois, façam o que se pede no caderno.

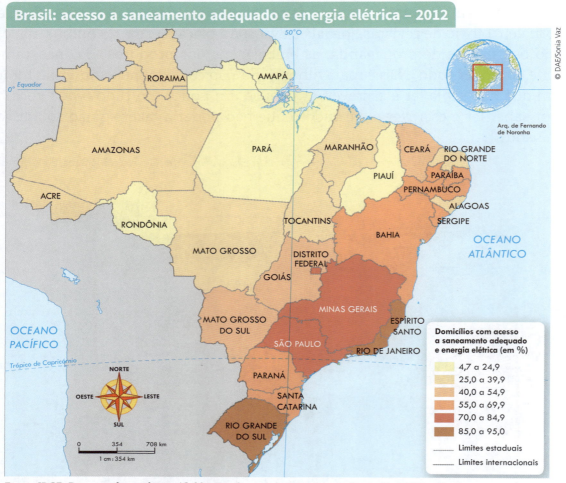

Fonte: IBGE. Disponível em: <https://biblioteca.ibge.gov.br/visualizacao/livros/liv66777.pdf>. Acesso em: abr. 2019.

1. O que está representado no mapa?

2. Que elemento foi utilizado para representar as informações no mapa?

3. Escrevam o nome dos estados que apresentam melhores dados em relação ao tema do mapa.

4. Em qual das regiões brasileiras os índices são mais altos? E mais baixos?

5. E seu estado? As taxas são maiores ou menores se comparadas às da maioria dos estados brasileiros?

Atividades

1. Com relação à sua escola, responda às questões a seguir.
   a) Ela fica próxima à sua moradia?
   _____
   _____

   b) A escola apresenta boas condições para seu estudo? Como você avalia a conservação dos materiais, a limpeza e recursos como biblioteca?
   _____
   _____

   c) Ela é bem cuidada pelos alunos?
   _____
   _____

2. O que é lazer? Pesquise no dicionário.
   _____
   _____

3. Por que as pessoas necessitam de tempo para o lazer?
   _____

4. Qual é seu lazer preferido? Você realiza essa atividade sozinho ou na companhia de outras pessoas? Quem são essas pessoas?
   _____
   _____

5. Explique a importância dos serviços de saúde.
   _____
   _____
   _____

6 Assinale quais serviços públicos você utiliza ou já utilizou. Depois, avalie esse serviço desenhando os seguintes símbolos:

bom	regular	ruim
😊	😐	😠

☐ posto de saúde   ☐ segurança

☐ creche   ☐ transporte público

☐ escola   ☐ iluminação pública

☐ coleta de lixo   ☐ parques e praças

7 Leia os cartazes e responda:

◆ Quais são os alertas feitos nos cartazes no que se refere à saúde humana?

_____

_____

Representatividade e cidadania

Anteriormente você estudou que os serviços públicos são mantidos com o dinheiro dos impostos. Quem administra esse dinheiro e o utiliza para atender às necessidades da população são os governantes públicos. No Brasil, a escolha dos governantes é feita por meio do **voto** da população. No período de campanha eleitoral, os candidatos apresentam as propostas dos projetos que pretendem executar em benefício de todos. Esses projetos devem ser analisados pelos cidadãos, bem como a história dos candidatos e os serviços que já prestaram à comunidade.

O voto é secreto. Isso significa que o eleitor tem o direito de votar no candidato ou na candidata escolhido(a) por ele sem revelar a outras pessoas em quem está votando. Não é permitido que o eleitor vá à urna acompanhado, ou seja, ele deve estar sozinho no momento de votar.

Em nosso país, atualmente, o voto é obrigatório para todas as pessoas com idade entre 18 e 70 anos. O voto é facultativo, ou seja, opcional, para as pessoas de 16 e 17 anos ou com mais de 70 anos, bem como para os analfabetos. Mas nem sempre foi assim: nas primeiras eleições no Brasil, apenas homens brancos, a partir de determinada renda e maiores de 25 anos, podiam votar. Ao longo do **século XX**, o direito ao voto foi sendo ampliado. As mulheres, por exemplo, só puderam votar em 1932, e os analfabetos, em 1988.

Para votar, o cidadão precisa ter o Título de Eleitor, documento que comprova que ele está apto a fazê-lo.

Glossário

Século XX: período entre os anos 1901 e 2000.

▶ Primavera do Leste, Mato Grosso, 2010.

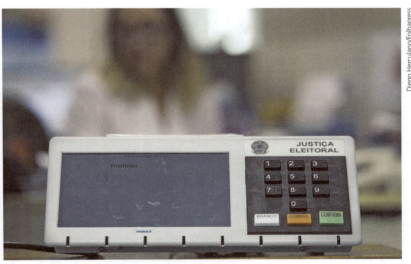
▶ Urna eletrônica. Recife, Pernambuco, 2016.

Podemos dizer que, ao votar, exercemos nossa **cidadania**. Mas o que é cidadania? Votar é a única forma de exercê-la?

Cidadania refere-se a um conjunto de direitos e deveres aos quais uma pessoa está sujeita quando vive em coletividade. São exemplos de direitos: acesso à saúde, à educação, à moradia, à segurança, ao lazer, ao vestuário, à alimentação e ao transporte. Entre os deveres estão o cumprimento das leis e o respeito aos direitos de outras pessoas.

Mas como uma criança pode exercer sua cidadania? Com certeza, há um jeito. Todos os brasileiros – empresários, políticos, professores e alunos, todos mesmo, nas diversas idades, funções e classes sociais – devem estar conscientes de seus deveres e lutar por seus direitos. Cada um, a seu modo, deve participar do dia a dia da comunidade e tentar melhorá-la.

Observe nestas fotografias exemplos de como a criança exerce a cidadania em ações diárias.

- Direito: educação.
- Dever: estudar e frequentar a escola.

- Direito: segurança.
- Dever: respeitar as leis de trânsito.

▶ Maraú, Bahia, 2014.

▶ São Paulo, São Paulo, 2013.

- Direito: lazer e um ambiente bem cuidado.
- Dever: conservar o espaço público e o meio ambiente.

- Direito: transporte.
- Dever: respeitar os direitos de outras pessoas.

▶ São Paulo, São Paulo, 2015.

▶ São Paulo, São Paulo, 2016.

Um pouco mais sobre

Cidadania

Fazendo um mundo melhor

São Paulo, São Paulo, 2013.

Recife, Pernambuco, 2015.

[...] Cada vez que você agir pensando não só em si mesmo, mas também no bem-estar de todos, estará exercendo a cidadania.

Porque a cidadania não é só direitos e deveres, mas também a consciência de que devemos nos esforçar para construir um mundo melhor, mesmo com pequenas ações.

É isso aí, gente boa! Toda vez que você jogar o lixo no lixo, fechar a torneira para não desperdiçar água, respeitar quem é diferente de você, ajudar quem precisa – seja auxiliando uma pessoa idosa a atravessar a rua ou doando roupas e brinquedos que você não usa mais –, praticar atos que protejam o meio ambiente, você estará contribuindo para um mundo melhor. E fazendo parte dessa coisa tão importante chamada **cidadania**.

Cada pequena ação que realizamos transforma nossas vidas e as vidas de outras pessoas.

Para ser um bom cidadão basta perceber que não estamos sozinhos: vivemos em comunidade, seja em casa, na rua, na escola, na nossa cidade, no nosso país e no planeta Terra.

Fazendo um mundo melhor. *Canal Kids Club*. Disponível em: <www.bancodaagua.com.br/cidadania/genteboa/index2.htm>. Acesso em: abr. 2019.

1 Cite duas pequenas ações que contribuem para fazermos um mundo melhor.

_____
_____
_____

Atividades

1 O que é eleição? Por que votar é importante?

_____

_____

2 Quem tem o direito de votar no Brasil atualmente?

_____

3 Leia o anúncio da campanha e debata com os colegas as questões a seguir.

a) Qual é a ideia defendida pela campanha a respeito do voto? O que isso significa?

b) Cite duas questões importantes que devem ser consideradas quando escolhemos nossos candidatos por meio do voto.

c) Depois de eleger os candidatos, que atitude o eleitor deve ter em relação ao trabalho desenvolvido por seus representantes no poder público?

d) Além de votar nos governantes, de que forma é possível melhorar a qualidade de vida em sua cidade? Cite um exemplo.

4 Você usa seu direito de cidadão quando se matricula em uma escola. Ao frequentá-la, você assume seus deveres como aluno. Quais são esses deveres? De que maneira você os cumpre?

_____

_____

_____

5 Leia o texto a seguir e depois faça o que se pede.

Antes da chegada dos portugueses ao Brasil, cerca de cinco milhões de nativos habitavam o território nacional. Segundo o Instituto Brasileiro de Geografia e Estatística (IBGE), no censo de 2010, 817 mil pessoas se autodeclararam indígenas, representando 0,4% da população nacional.

Como o voto no Brasil é obrigatório, os índios são obrigados a votar se tiverem mais de 16 anos e se forem alfabetizados na Língua Portuguesa. O Código Eleitoral (Lei n° 4.737/1965) veda o alistamento eleitoral daqueles que não saibam se exprimir na língua nacional, ou seja, aqueles que não saibam falar português.

No entanto, os índios, se viverem na aldeia e, segundo seus usos e tradições, o povo, coletivamente, decidir não votar, esta decisão prevalece sobre a obrigatoriedade da lei brasileira. Isso porque os povos indígenas têm o direito constitucional de viverem segundo seus usos, tradições e costumes. O índio também pode ser candidato, pois é um cidadão com todos os direitos políticos. [...]

Série Inclusão: antes excluídos, hoje índios e negros participam ativamente do processo eleitoral. *Tribunal Superior Eleitoral*, 19 abr. 2013. Disponível em: <www.tse.jus.br/imprensa/noticias-tse/2013/Abril/serie-inclusao-antes-excluidos-hoje-indios-e-negros-participam-ativamente-do-processo-eleitoral>. Acesso em: abr. 2019.

a) As fotografias apresentam formas de participação política dos indígenas em nosso país? Justifique.

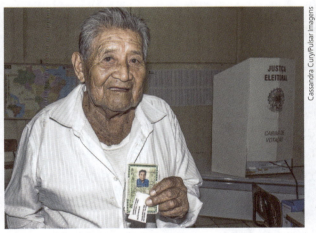

▶ Eleitor indígena. Campo Grande, Mato Grosso do Sul, 2015.

▶ Reunião entre lideranças indígenas e deputados. Brasília, Distrito Federal, 2014.

_____

_____

b) Escreva sobre a importância da participação política dos indígenas.

_____

_____

#Digital

Criando uma animação

Antigamente, algo parecido com uma animação era apresentado em um aparelho conhecido como praxinoscópio.

Nele eram mostradas várias imagens em sequência que, ao girarem, davam a impressão de movimento. A cena podia ser vista por um furo no próprio aparelho ou projetada em uma parede.

Esse invento foi criado em 1877.

▶ Zootrópio, aparelho que deu origem ao praxinoscópio, em bicicleta. São Paulo, São Paulo, 2016.

De lá para cá, muita coisa mudou na criação de conteúdos animados: cores e sons foram inseridos e surgiram novas tecnologias. Mas alguns elementos fundamentais ainda são os mesmos, como:

- A sequência de imagens em quadros com pequenas mudanças de forma, conteúdo e posição.

1 Que tal brincar um pouco com isso? Vamos fazer uma animação no papel, conhecida como *flipbook*.

1. Separe um conjunto de papéis com o mesmo tamanho.
2. Desenhe uma sequência de trás para a frente: no último papel, desenhe uma cena; no penúltimo papel, desenhe a mesma cena, mas com uma pequena mudança; no antepenúltimo, faça o mesmo desenho com mais uma pequena mudança, e assim sucessivamente até o primeiro papel.
3. Depois, é só folhear o bloquinho rapidamente para dar a impressão de movimento.

- A ideia e o roteiro são importantes para definir o tema da animação e como será cada cena.
- O *storyboard* é uma espécie de rascunho da animação, em que cada quadro é desenhado como uma HQ.

- A produção é o momento em que a animação começa a ganhar vida. Nessa etapa, são realizados o desenvolvimento visual dos personagens, a dublagem, a animação e, por fim, a edição de tudo isso.

2 Você já pesquisou alguns programas *on-line* de criação de animação e interagiu com eles.

1. Escolha o programa de que você gostou mais e siga o passo a passo da criação – ideia e roteiro, *storyboard* e desenvolvimento – para elaborar uma animação simples sobre os problemas ambientais urbanos ou sobre algum serviço público. Se achar interessante, você pode colocar música de fundo, balões de fala e o que mais conseguir.

2. Quando tudo estiver pronto, você poderá salvar sua animação e apresentá-la para a turma.

Hora da leitura

Participando da escola

A população pode fazer parte da vida política e influenciar nas decisões dos governantes de várias maneiras: participando dos conselhos de segurança dos bairros, de sessões das câmaras municipais, de associações de bairros, entre outras. Essas reuniões são de pessoas adultas. Mas você pode participar das decisões que envolvem sua escola, e uma forma de fazer isso é organizando grêmios estudantis. Leia o texto e conheça mais o assunto.

Grêmio estudantil é a entidade que representa os alunos dentro da escola. Ela é criada e administrada pelos estudantes, que decidem o que deve ser feito. O grêmio pode organizar atividades culturais (saraus, *shows*, peças teatrais), festas, atividades educacionais (feiras de ciências, gincanas de conhecimentos, oficinas), políticas (eleição de representantes de classe, assembleias com os estudantes para pensar nos problemas da escola, reunião com a direção), esportivas (clube do xadrez, campeonato de futebol, Olimpíadas), de comunicação (mural, *blog*, jornal), além de ações sociais (campanhas de arrecadação de alimentos, atividades em uma ONG, coleta seletiva de lixo) e políticas.

Unicef. *Adolescentes e participação política*. Disponível em: <www.unicef.org/brazil/pt/br_politica_vira.pdf>. Acesso em: jul. 2017.

1 Em sua escola é possível a participação de estudantes nas decisões e nas atividades dela? Quais?

_____

2 Cite um exemplo de como a participação dos alunos pode contribuir para a melhoria da escola.

_____

3 Reúnam-se em grupos e sugiram iniciativas para melhorar o ambiente escolar.

Um trabalho que salva o planeta

A reciclagem de resíduos e materiais descartados (domésticos, comerciais ou industriais) é uma etapa do ciclo produtivo das mercadorias. Separar esses resíduos de acordo com seu tipo e encaminhá-los às usinas de reciclagem é um trabalho muito importante. As pessoas que trabalham nessa atividade contribuem para a redução do lixo e da poluição ambiental e para a conservação dos recursos naturais.

Como é feita a coleta de materiais recicláveis e quais são os principais tipos de material coletados?

Em nossa cooperativa, a coleta é feita por uma empresa contratada pela prefeitura. Inicialmente o município mobiliza uma área definida orientando os moradores sobre a coleta seletiva. Os resíduos recicláveis coletados são encaminhados para as cooperativas e associações parceiras. Nas cooperativas, esse material é selecionado por tipo: plásticos, papéis, metais, vidros etc.

Para onde os materiais coletados são enviados e o que é feito com eles?

Depois que os resíduos são separados por tipo, eles são comercializados com as empresas intermediárias, que os enviam para as usinas e indústrias recicladoras.

Em relação à sua segurança, ao manusear os materiais coletados, que cuidados você toma?

A cooperativa oferece EPI (equipamento de proteção individual) aos cooperados. Alguns EPIs necessários são: óculos, máscara, luvas, calçados de segurança, avental etc.

Qual é a importância de seu trabalho? E como as pessoas poderiam colaborar com ele?

Fazemos um trabalho extremamente importante tanto na área econômica, quanto na social e ambiental. Estamos gerando trabalho e renda para inúmeras famílias, contribuímos com a preservação do meio ambiente, além de aumentar a vida útil dos aterros sanitários, e ainda evitamos aterrar um material que tem grande valor agregado. Sinto-me muito feliz, pois com meu trabalho posso contribuir para um mundo muito melhor!

Sou grata a todas as pessoas conscientes que contribuem para o sucesso do nosso trabalho destinando seus resíduos recicláveis para os catadores e promovendo, assim, a oportunidade de um trabalho digno e melhorando a qualidade de vida de muitas famílias.

Ivaneide Souza é diretora-presidente da Cooperativa Central Rede Solidária dos Trabalhadores de Materiais Recicláveis de Minas Gerais.

Revendo o que aprendi

1 Complete o quadro escrevendo a forma de poluição apresentada nas imagens e identificando suas causas e consequências.

IMAGEM	Jacareí, São Paulo, 2014.	Vista Alegre do Alto, São Paulo, 2016.
FORMA DE POLUIÇÃO		
CAUSAS		
CONSEQUÊNCIAS		

2 Escreva alguns cuidados ambientais que você observa no lugar onde mora.

___
___
___
___

3 Represente com um desenho, em uma folha de papel avulsa, uma atitude ou ação considerada ambientalmente correta em relação ao espaço urbano. Mostre seu desenho aos colegas.

4 Observe as imagens e responda à questão a seguir.

▶ Recife, Pernambuco, 1930.

▶ Recife, Pernambuco, 2013.

◆ Que diferenças podem ser observadas entre as duas fotos que evidenciam o crescimento da cidade retratada?

_____

_____

_____

5 Escolha dois serviços públicos que você utiliza no lugar onde mora. Para cada um, no caderno, indique um aspecto positivo e outro que pode ser melhorado.

6 Explique a importância do saneamento básico.

_____

_____

7 Assinale com **X** os serviços de saneamento básico encontrados onde você mora e responda à questão sobre o serviço existente.

☐ Água tratada. Qual é a companhia responsável pelo abastecimento de água tratada?

_____

☐ Coleta de esgoto. Qual é a companhia responsável pela coleta e pelo tratamento de esgoto?

_____

☐ Coleta de lixo. Com qual frequência o lixo é coletado?

_____

Nesta unidade vimos

- O aumento da população e de atividades econômicas é responsável pelo crescimento das cidades. Algumas crescem muito e se tornam metrópoles, passando a exercer influência sobre cidades menores próximas a elas.

▶ A grande concentração de pessoas e as políticas públicas deficientes geram problemas sociais e ambientais nas cidades, como vimos na página 122.

- Existem medidas que auxiliam na melhoria das condições do ambiente: saneamento básico, redução de poluentes e alternativas para melhorar a mobilidade urbana.

▶ As alternativas para melhorar a mobilidade urbana devem envolver o transporte individual e coletivo, como vimos na página 135.

- A escolha dos governantes é feita por meio do voto. Existem outras formas de participação política, como em atividades escolares ou na comunidade, em que exercemos nossos direitos e deveres.

▶ A participação popular, seja nas eleições, seja em movimentos sociais, fortalece a cidadania, como vimos na página 149.

Para finalizar, responda:

- Que problemas ambientais existem no espaço urbano?
- Como podemos diminuir os problemas ambientais do lugar onde vivemos? Converse com os colegas e o professor e, juntos, sugiram ações que podem ser adotadas.

Para ir mais longe

Livros

▶ **A eleição da criançada**, de Pedro Bandeira. São Paulo: Melhoramentos.

Por meio de uma eleição na escola, o livro aborda a importância do diálogo e a necessidade de sermos éticos em todas as ações que tomamos.

▶ **Vivemos juntos – De olho nos direitos e deveres**, de Edson Gabriel Garcia. São Paulo: FTD, 2001.

Trata do grande número de pessoas que moram numa cidade, do direito de cada uma e daquilo que podemos fazer para melhorar a qualidade de vida de todos nós.

▶ **Barulho demais**, de Max Velthuijs. São Paulo: Martins Fontes, 1996.

É a história de dois vizinhos barulhentos que discutem o respeito pelo espaço do outro.

▶ **Chico Papeleta e a reciclagem do lixo**, de Nereide Schilaro Santa Rosa. São Paulo: Moderna, 2012.

Chico Papeleta é um menino feito de papel. Ele nos explica como podemos contribuir para a reciclagem do papel e, assim, ajudarmos a preservar a natureza.

Filme

▶ **O Lorax: em busca da trúfula perdida**. Direção de Chris Renaud e Kyle Balda. Estados Unidos: Universal Pictures, 2012, 87 min.

Ted vive em um lugar onde já não existem mais árvores. Ele parte em uma aventura na busca de uma árvore e encontra, no caminho, uma criatura estranha e muito mal--humorada que está determinada a proteger o que resta da natureza: o Lorax.

Sites

▶ **Plenarinho – Jogos educativos:** <https://plenarinho.leg.br/index.php/diversao/jogos/>. Aprenda como funciona a Câmara brincando com jogos educativos.

▶ **Jogo do orçamento:** <http://imagem.camara.gov.br/internet/midias/plen/swf/Jogos/jogo_do_orcamento/jogo_do_orcamento.htm>. Jogo no qual você pode decidir onde empregar o dinheiro do orçamento de uma cidade para resolver os problemas que afligem os cidadãos.

Referências

ALMEIDA, Rosângela Doin de. *Do desenho ao mapa*: iniciação cartográfica na escola. São Paulo: Contexto, 2010.

_____ (Org.). *Cartografia escolar*. São Paulo: Contexto, 2010.

_____ (Org.). *Novos rumos da Cartografia escolar*: currículo, linguagem e tecnologia. São Paulo: Contexto, 2011.

_____; PASSINI, Elza Y. *O espaço geográfico*: ensino e representação. São Paulo: Contexto, 2002.

ATLAS geográfico escolar. 7. ed. Rio de Janeiro: IBGE, 2016.

BRASIL. Ministério da Educação. *Base Nacional Comum Curricular*. Disponível em: <http://basenacionalcomum.mec.gov.br/images/BNCC_EI_EF_110518_versaofinal_site.pdf>. Acesso em: abr. 2019.

CARLOS, Ana Fani. *Novos caminhos da Geografia*. São Paulo: Contexto, 2002.

_____. *O lugar no/do mundo*. São Paulo: Labur Edições, 2007.

_____ (Org.). *A Geografia na sala de aula*. São Paulo: Contexto, 2010.

CASTELLAR, S.; CAVALCANTI, L.; CALLAI, H. (Org.). *Didática da Geografia*: aportes teóricos e metodológicos. São Paulo: Xamã, 2012.

_____ (Org.). *Educação geográfica*: teorias e práticas docentes. São Paulo: Contexto, 2010.

CASTRO, Iná (Org.). *Geografia*: conceitos e temas. Rio de Janeiro: Bertrand Brasil, 2010.

CASTROGIOVANI, A. C. *Geografia em sala de aula*: práticas e reflexões. Porto Alegre: UFRGS-A-GB, 1999.

_____ (Org.). *Ensino de Geografia*: práticas e textualizações no cotidiano. Porto Alegre: Mediação, 2008.

CAVALCANTE, Lana de Souza. *O ensino de Geografia na escola*. Campinas: Papirus, 2012.

GIOMETTI, Analúcia B. R.; PITTON, Sandra E. C.; ORTIGOZA, Silvia A. G. *Leitura do espaço geográfico através das categorias*: lugar, paisagem e território. Unesp; Univesp, 2012. Disponível em: <www.acervodigital.unesp.br/bitstream/123456789/47175/1/u1_d22_v9_t02.pdf>. Acesso em: abr. 2019.

GODOY, Paulo Roberto Teixeira de (Org.). *História do pensamento geográfico e epistemologia em Geografia*. São Paulo: Cultura Acadêmica, 2010.

IBGE Cidades. Disponível em: <https://cidades.ibge.gov.br/>. Acesso em: abr. 2019.

IBGE Educa. Disponível em: <https://educa.ibge.gov.br/>. Acesso em: abr. 2019.

IBGE. *Noções básicas de Cartografia*. Rio de Janeiro, 1998. Disponível em: <https://biblioteca.ibge.gov.br/visualizacao/monografias/GEBIS%20-%20RJ/ManuaisdeGeociencias/Nocoes%20basicas%20de%20cartografia.pdf>. Acesso em: abr. 2019.

JOLY, Fernand. *A Cartografia*. Campinas: Papirus, 1990.

KATUTA, Ângela Massumi et al. *(Geo)grafando o território*: a mídia impressa no ensino de Geografia. São Paulo: Expressão Popular, 2009.

OLIVEIRA, Lívia de. Estudo metodológico e cognitivo do mapa. In: ALMEIDA, Rosângela Doin de (Org.). *Cartografia escolar*. São Paulo: Contexto, 2010.

PASSINI, Elza Yasuko. *Prática de ensino de Geografia e estágio supervisionado*. São Paulo: Contexto, 2007.

PONTUSCHKA, Nídia Nacib; PAGANELLI, Tomoko Lyda; CACETE, Nuria Hanglei. *Para ensinar e aprender Geografia*. São Paulo: Cortez, 2007.

_____; OLIVEIRA, Ariovaldo Umbelino (Org.). *Geografia em perspectiva*. São Paulo: Contexto, 2002.

SANTOS, Milton. *Pensando o espaço do homem*. São Paulo: Edusp, 2007.

SIMIELLI, Maria Elena. *Primeiros mapas*: como entender e construir. São Paulo: Ática, 2010.

STRAFORINI, Rafael. *Ensinar Geografia*: o desafio da totalidade-mundo nas séries iniciais. São Paulo: Annablume, 2006.

VESENTINI, José W. (Org.) *Ensino de Geografia para o século XXI*. Campinas: Papirus, 2005.

Atividades para casa

Unidade 1

1. Explique o que é população.
   _____
   _____

2. Por que o Brasil é considerado um país populoso?
   _____
   _____
   _____

3. O que é Censo demográfico?
   _____
   _____
   _____

4. Qual é o órgão responsável por fazer o Censo?
   _____
   _____

5. Por que os dados coletados pelo Censo demográfico são importantes?
   _____
   _____
   _____
   _____

6 Explique o que é êxodo rural e por que é considerado uma migração interna?

_____

_____

_____

_____

7 Trace setas no mapa de acordo com a legenda.

Legenda
- migração interna
- emigração
- migração

Fonte: *Atlas geográfico escolar*. 7.ed. Rio de Janeiro: IBGE, 2016. p. 32.

8 Explique a frase: "A população brasileira se distribui de forma irregular pelo território".

_____

_____

_____

_____

_____

9 Onde se concentra a maior parte da população brasileira?

_____

_____

10 Questões históricas e econômicas podem explicar a distribuição irregular da população pelo território brasileiro. Explique cada uma dessas questões.

_____

_____

_____

_____

11 Complete o diagrama de palavras.

1. A maior parte da população brasileira vive na área _____.
2. Município brasileiro com o maior número de habitantes.
3. Sigla do instituto responsável por obter informações sobre a população brasileira.
4. De acordo com o número de habitantes, o Brasil é considerado um país _____.

```
         1 [ ][ ][B][ ][ ][ ]
                 [R]
   2 [ ][ ][ ][*][A][ ][ ]
                 [S]
            3 [ ][I][ ][ ]
      4 [ ][ ][ ][ ][L][ ][ ]
```

12 Em um município, a população aumentou muito nos últimos anos. Cite dois fatores que podem ter sido responsáveis por esse aumento populacional.

_____

_____

13 Assinale as alternativas corretas sobre a população brasileira.

a) ☐ A expectativa de vida aumentou.
   ☐ A expectativa de vida diminuiu.

b) ☐ O número de filhos por família aumentou.
   ☐ O número de filhos por família diminuiu.

c) ☐ O número de jovens aumentou.
   ☐ O número de jovens diminuiu.

d) ☐ Maior quantidade de mulheres.
   ☐ Maior quantidade de homens.

14 O que possibilitou o aumento na expectativa de vida dos brasileiros?
_____
_____

15 Qual é o nome da mistura de povos que formam a população brasileira?
_____

16 Observe a fotografia.

Com base nela, justifique a miscigenação da população brasileira.
_____
_____

17 Observe as pirâmides etárias abaixo e responda às questões.

Fonte: Nações Unidas, Departamento de Assuntos Econômicos e Sociais, Divisão de População. *Perspectiva da população mundial: revisão de 2017, principais conclusões e tabelas avançadas*. Disponível em: <https://population.un.org/wpp/Graphs/DemographicProfiles/>. Acesso em: mar. 2019.

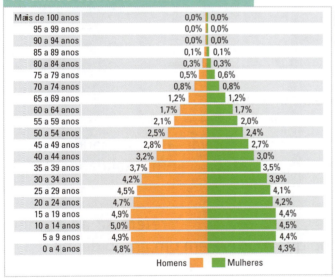

Fonte: Nações Unidas, Departamento de Assuntos Econômicos e Sociais, Divisão de População. *Perspectiva da população mundial: revisão de 2017, principais conclusões e tabelas avançadas*. Disponível em: <https://population.un.org/wpp/Graphs/DemographicProfiles/> Acesso em: mar. 2019.

a) Que informações elas apresentam?

_____

b) Qual dos países tem maior porcentagem de população idosa?

_____

c) Qual dos países tem maior porcentagem de população jovem?

_____

18 Ligue a faixa etária ao principal investimento que o governo deve fazer para atender a essas pessoas.

- tratamento de doenças crônicas não transmissíveis
a) 0 a 14 anos
- emprego
b) 15 a 59 anos
- creche
c) mais de 60 anos
- aposentadoria
- escolas de Ensino Fundamental

19 Cite exemplos para justificar a frase: "Um dos maiores problemas brasileiros é a desigualdade social".

_____

_____

_____

_____

_____

20 Complete as frases com as palavras do quadro.

> moradia   vacinas   expectativa   saúde
> qualidade de vida   alimentação   lazer   mortalidade infantil

a) _____ refere-se ao número de crianças com menos de um ano que morrem em um grupo de mil.

b) Nos últimos anos houve redução nesse índice devido a melhorias na saúde, com mais acesso a _____ e melhoria na qualidade da _____.

c) Para que uma pessoa tenha _____, ela precisa ter _____, acesso a _____, educação, _____ e maior _____ de vida.

21 Quais são os três elementos que compõem o saneamento básico?

_____

_____

22 Qual é a importância do saneamento básico?

_____

_____

_____

23 Como é o saneamento básico no lugar onde você mora?

_____

_____

_____

24 Observe as fotografias e relacione o que pode ser feito para melhorar a qualidade de vida das pessoas envolvidas.

▶ Recife, Pernambuco, 2015.   ▶ São Paulo, São Paulo, 2018.

_____

_____

_____

_____

Unidade 2

1 Defina o que é extrativismo.

_____

_____

2 Observe a imagem a seguir e responda às questões.

▶ Mina de cobre. Canaã dos Carajás, Pará, 2019.

a) Que tipo de extrativismo está retratado?

_____

b) Qual é a utilidade dos materiais obtidos com esse tipo de extrativismo?

_____

_____

c) É correto afirmar que essa atividade extrativa causa impactos ambientais? Justifique sua resposta.

_____

_____

3 Dê exemplos de produtos do extrativismo vegetal.

_____

_____

4 Cite exemplos de extrativismo animal.

_____

_____

5 A caça é uma atividade controlada no Brasil. Quem pode caçar?

_____

_____

_____

6 O que é agropecuária?

_____

_____

_____

_____

7 Escreva **F** para agricultura familiar e **C** para agricultura comercial.

☐ Praticada normalmente em pequenas propriedades.

☐ Cultivo de um único produto.

☐ Os trabalhadores são geralmente o agricultor e sua família.

☐ Praticada em grandes propriedades.

☐ Produção para sustento e comercialização.

☐ Uso de muitas máquinas.

☐ Produtos destinados à exportação.

8 Complete o esquema.

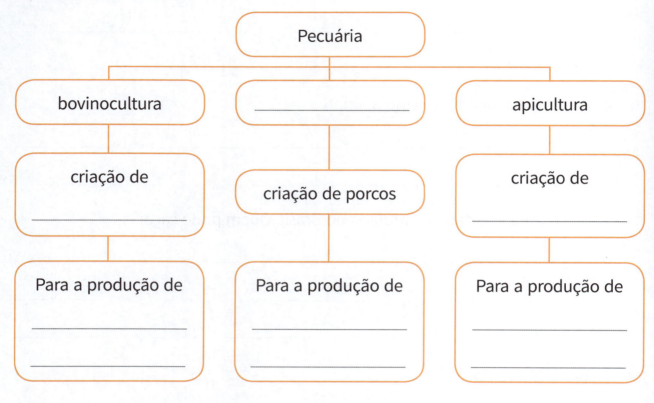

9 Observe a fotografia e responda às questões.

▶ Chapecó, Santa Catarina.

a) Quais são os animais dessa atividade econômica?
_____

b) Que nome se dá a esse tipo de criação?
_____

c) Cite dois produtos oriundos dessa criação.
_____

10 Observe os gráficos e responda às questões no caderno.

Fonte: *Indicadores IBGE – Pesquisa mensal de previsão e acompanhamento das safras agrícolas no ano civil: estatística da produção agrícola*. IBGE, jan. 2018. Disponível em: <https://agenciadenoticias.ibge.gov.br/media/com_mediaibge/arquivos/eaeb7bd3a7d0941cfb93ace38dc13f86.pdf>. Acesso em: mar. 2019.

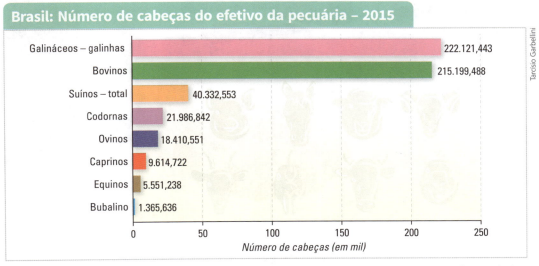

Fonte: IBGE. *Produção da Pecuária Municipal 2015*. Disponível em: <https://brasilemsintese.ibge.gov.br/agropecuaria/efetivos-da-pecuaria.html>. Acesso em: mar. 2019.

a) Que atividade econômica cada um dos gráficos mostra?
b) Quais são as regiões brasileiras que mais produzem alimentos?
c) Quais são os dois maiores rebanhos brasileiro?

11. Numere a segunda coluna de acordo com a primeira.

1. indústria de base
2. indústria intermediária
3. indústria de bens de consumo

☐ Fabrica peças e equipamentos para outras indústrias.

☐ Siderúrgica, química e petroquímica.

☐ Produz mercadorias que serão vendidas aos consumidores finais.

☐ Transforma matéria-prima para ser utilizada por outras indústrias.

☐ Produz roupas, carros e eletrodomésticos.

☐ Produz peças para computadores e para automóveis.

12. Circule de amarelo os produtos cuja principal matéria-prima vem do extrativismo, de verde a matéria-prima que vem da agricultura e de marrom a que vem da criação de animais.

172

13 Desenhe ou cole uma imagem de produto industrializado. Depois, faça o que se pede.

a) Responda:
- Qual é o produto?
  _____
- Qual é a finalidade desse produto?
  _____
- Qual é a principal matéria-prima desse produto?
  _____

b) Assinale a origem da principal matéria-prima do produto que você selecionou.

☐ extrativismo ☐ agricultura ☐ pecuária

14 Atualmente, muitas indústrias se instalam em pequenas e médias cidades. Que mudanças ocorrem, geralmente, em áreas próximas às indústrias?

15 Cite alguns produtos industrializados que você utilizou hoje.

16 Qual é a importância da agroindústria familiar?

17 Cite alguns produtos da agroindústria familiar.

18 Explique o que é a atividade comercial.

19 Encontre no diagrama a denominação dos estabelecimentos que comercializam os produtos a seguir.

a) carne
b) joia
c) livro
d) remédio
e) pão
f) ração para animais
g) combustível
h) sorvete

T	R	L	R	A	I	L	E	T	S	H	I	R	O	E	A
G	O	J	M	E	P	A	S	T	O	L	I	V	R	A	L
U	F	O	A	L	H	E	R	A	Ç	O	U	G	U	E	U
E	A	A	R	S	O	R	V	E	T	E	R	I	A	S	P
T	R	L	R	A	I	L	E	T	S	H	I	R	O	E	A
P	M	H	A	M	A	P	E	T	S	H	O	P	I	R	D
O	A	E	P	L	Á	Ç	O	U	Q	U	E	P	A	V	A
S	C	R	I	O	S	C	V	S	E	R	R	T	A	E	R
T	I	I	A	D	A	R	I	A	P	O	S	T	E	M	I
O	O	A	P	L	I	V	R	A	R	I	A	A	R	E	A
J	A	L	H	E	R	I	O	C	O	M	Á	R	C	I	A
T	R	L	R	A	I	L	E	T	S	H	I	R	O	E	A
O	A	E	P	L	Á	Ç	O	U	Q	U	E	P	A	V	A

20 Ao comprarmos qualquer produto, somos consumidores e, como tal, temos direitos e deveres. Assinale as características de um consumidor consciente.

☐ Compra somente o necessário.

☐ Pesquisa preços para aproveitar a melhor oferta.

☐ Compra tudo o que a propaganda mostra, mesmo sem precisar.

☐ Pede sempre a nota fiscal.

☐ Verifica a data de validade dos produtos.

☐ Sabe que seus direitos estão garantidos no Código de Defesa do Consumidor.

21. Encontre o caminho que leva Jonas até seu presente de aniversário. Depois faça o que se pede.

1	2	3	4	5	6	7	8	9
A	I	V	M	L	R	U	E	P

a) Troque os números do caminho por letras, segundo o código acima, e descubra onde os pais de Jonas compraram o presente para ele.

_____

_____

b) Que presente você acha que Jonas ganhou?

_____

_____

176

22 O comércio pode ser praticado em lojas e nas ruas, em feiras livres. Nas feiras livres, as barracas vendem tipos diferentes de produtos: uma variedade de frutas ou verduras, ovos, peixes, carne, flores etc. Se você fosse um feirante, que tipo de produto venderia? Desenhe no espaço da barraca.

23 Vendedores ambulantes e camelôs são trabalhadores informais. O que isso significa?

_____
_____
_____
_____

Unidade 3

1. Assinale com **X** as afirmativas corretas sobre a mecanização no campo.

   ☐ A mecanização no campo é verificada pela presença de máquinas, como tratores.

   ☐ A mecanização no espaço rural é verificada principalmente em médias e grandes propriedades.

   ☐ Nas pequenas propriedades, a mecanização é maior.

   ☐ Semeadeira e colheitadeira são exemplos de equipamentos que representam a mecanização no campo.

2. De acordo com as características dadas, identifique as técnicas agrícolas: drenagem, irrigação e adubação.

   a) Consiste em enriquecer o solo pobre de nutrientes para torná-lo mais fértil.
   _____

   b) Técnica que possibilita o escoamento ou a remoção da água em excesso do solo.
   _____

   c) Técnica utilizada para umedecer a terra por meio de recursos artificiais.
   _____

3. Complete o quadro sobre aspectos da mecanização no campo.

VANTAGENS	PROBLEMAS

4 Cite um aspecto favorável da agricultura orgânica.

_____

_____

_____

5 Sobre a população urbana e rural, complete as frases a seguir.

a) Nas décadas anteriores a 1960, a maior parte da população brasileira vivia no _____.

b) Atualmente, a maior parte da população é _____, pois vive nas cidades.

6 Assinale com **X** os fatores que contribuíram para o aumento da população urbana.

☐ Mecanização do campo.

☐ Redução das ofertas de emprego no campo.

☐ Boas condições financeiras para o plantio.

☐ Busca de melhores oportunidades nas áreas urbanas.

7 Leia o texto e responda à pergunta.

Planejadas para realizar operações agrícolas, as máquinas agrícolas podem ser classificadas em máquinas de preparo do solo, máquinas de semeadura, plantio e transplante, além das máquinas de carregamento, transporte e aplicação de adubos químicos e corretivos do solo. Há também as máquinas para cultivo [...] e poda, as máquinas aplicadoras de defensivos, bem como as máquinas de colheita. Independente da classificação, as máquinas usadas no processo agrícola têm como principal objetivo aumentar a produtividade e eficiência dos trabalhos agrícolas. [...]

Andréa Rocha. Máquinas agrícolas: aumento da produtividade e da eficiência dos trabalhos agrícolas. *Portal agropecuário*, 27 set. 2013. Disponível em: <www.portalagropecuario.com.br/agricultura/mecanizacao-agricola/maquinas-agricolas-aumento-da-produtividade-e-da-eficiencia-dos-trabalhos-agricolas>. Acesso em: maio 2019.

◆ Que aspecto da mecanização do campo é apresentado no texto?

_____

_____

8 Encontre o caminho para o trabalhador rural chegar à área urbana.

9 Complete o quadro sobre a migração campo-cidade.

COMO ACONTECE	RAZÕES PARA A MIGRAÇÃO	DIFICULDADES ENCONTRADAS PELO MIGRANTE RURAL NA CIDADE

10 Leia o texto e faça o que se pede.

> [...] Nosso sítio que era pequeno
> Pelas grandes fazendas cercado
> Precisamos vender a propriedade
> Para um grande criador de gado
> E partimos pra cidade grande [...]

Valdemar Reis e Vicente P. Machado. Intérprete: Daniel. Meu reino encantado. In: *Meu reino encantado*. Chantecler; Warner Music, 2000.

a) Os versos apresentam uma das razões ou causas da migração campo-cidade? Explique.

_____

_____

_____

b) Represente com um desenho esse trecho da canção.

11 Substitua os números por letras e descubra situações relacionadas ao crescimento das cidades.

1	2	3	4	5	6	7	8	9	10	11	12	13	14
A	B	I	L	R	U	Z	S	D	O	Ã	Ç	N	T

a) Processo de aumento da quantidade de cidades e do tamanho delas, bem como diminuição da população rural.

6	5	2	1	13	3	7	1	12	11	10

_____

b) Setor econômico relacionado à urbanização.

3	13	9	6	8	14	5	3	1	4

_____

12 Cite situações ou exemplos que evidenciem o crescimento das cidades.

_____
_____
_____

13 Escreva três avanços tecnológicos utilizados para a redução de problemas como a falta de segurança e o congestionamento nas cidades.

_____
_____
_____

14 Você percebe características da urbanização no lugar onde vive? Dê exemplos.

_____
_____
_____

15 Observe a sequência de fotos que representa o surgimento de uma paisagem urbana. Depois, responda às questões.

▶ Reconstrução computadorizada da região da Praça XV de Novembro no Rio de Janeiro, Rio de Janeiro, em 1580.

▶ Reconstrução computadorizada da região da Praça XV de Novembro no Rio de Janeiro, Rio de Janeiro, em 1750.

▶ Reconstrução computadorizada da região da Praça XV de Novembro no Rio de Janeiro, Rio de Janeiro, em 2002.

a) Qual é o período representado nessa sequência de imagens? De que cidade é a paisagem retratada?

_____

b) Essa sequência de imagens mostra aspectos da urbanização? Explique.

_____

_____

_____

16 Explique a importância das fontes de energia.

_____
_____
_____
_____

17 Relacione corretamente as fontes de energia com suas características.

a) solar
b) eólica
c) térmica
d) biomassa
e) hidráulica

☐ O petróleo, o carvão mineral e o gás natural geram calor.

☐ O movimento dos ventos é captado por hélices ligadas a uma turbina que aciona um gerador elétrico.

☐ Lâminas ou painéis recobertos com material semicondutor capturam a luminosidade do Sol para gerar corrente elétrica.

☐ Utiliza a força das águas.

☐ Utiliza matéria orgânica, como madeira e cana-de-açúcar.

18 Qual é a principal fonte de energia utilizada em nosso país para gerar eletricidade? Por quê?

_____
_____
_____
_____

19 Complete o quadro para diferenciar as fontes de energia.

FONTES	CARACTERÍSTICAS	EXEMPLOS
renováveis	Podem ser utilizadas por tempo indeterminado.	solar e eólica
não renováveis		

20 Ligue os pontos e descubra uma fonte de energia. Depois responda às questões.

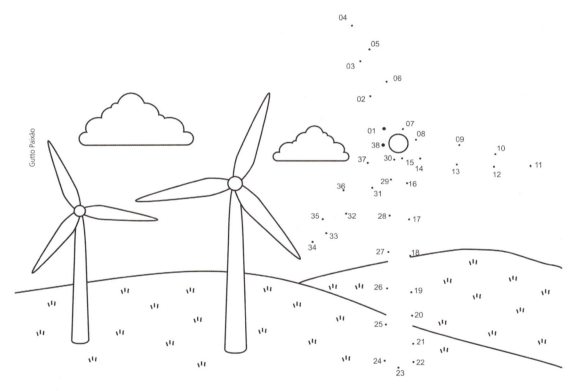

a) Qual é a fonte de energia apresentada?

_____

b) Essa fonte de energia pode ser considerada sustentável? Explique.

_____

_____

_____

Unidade 4

1 Escreva algumas características comuns às cidades.

_____

_____

2 Assinale as respostas corretas.

a) As primeiras cidades se formaram:

☐ ao longo do litoral brasileiro.

☐ no interior do Brasil.

b) O crescimento das cidades se intensificou:

☐ com o desenvolvimento da agricultura.

☐ com a atividade industrial.

c) O crescimento horizontal das cidades se iniciou:

☐ com a expansão dos bairros.

☐ com o aumento do número de edifícios.

d) O crescimento vertical das cidades se iniciou:

☐ com a expansão dos bairros.

☐ com o aumento do número de edifícios.

3 Cite dois serviços públicos essenciais em uma cidade.

_____

_____

4 Que características fazem com que uma cidade seja considerada uma metrópole?

_____

_____

_____

5 Observe e identifique nas fotografias situações em que as moradias oferecem riscos aos moradores. Explique.

▶ Maceió, Alagoas, 2018.

▶ São Paulo, São Paulo, 2019.

6 Complete o quadro com informações sobre o ar.

IMPORTÂNCIA DO AR	COMO O AR SE TORNA POLUÍDO	PROBLEMAS DE SAÚDE DECORRENTES DA POLUIÇÃO DO AR

7 Escreva as principais atividades humanas responsáveis pela poluição do ar.

a) Nas cidades: _____

b) No campo: _____

8 O que são ilhas de calor?

_____
_____

9 Como as ilhas de calor são formadas?

_____
_____

10 De que modo a presença de áreas verdes contribui para a qualidade de vida nas cidades?

_____
_____
_____

11 Escreva exemplos de elementos ou fatores que geram cada tipo de poluição a seguir.

SONORA	
VISUAL	
DAS ÁGUAS	

12 Escreva problemas decorrentes de cada tipo de poluição.

SONORA	
VISUAL	
DAS ÁGUAS	

13 Pinte as ações conforme as cores indicadas.

🟩 Diminuem os impactos ao ambiente.

🟥 Agridem o ambiente.

- Redução do número de veículos de uso individual.
- Redução da poluição sonora.
- Coleta e tratamento do lixo.
- Diminuição de áreas verdes.
- Tratamento de esgoto.
- Despoluição dos rios.
- Transporte público eficiente.
- Falta de tratamento de esgoto.
- Diminuição do uso de elementos que causam poluição visual.

14 Pinte os espaços pontilhados e descubra um meio de transporte que pode ser utilizado para a melhoria da mobilidade urbana.

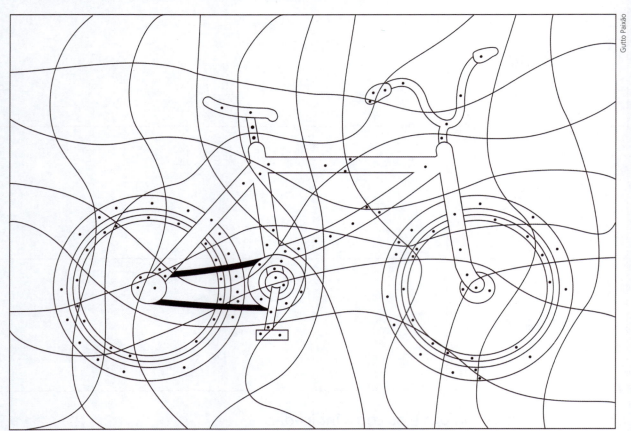

15 Que meio de transporte você descobriu na atividade anterior? Quais outros meios de transporte também podem ser utilizados para melhorar a mobilidade urbana? Por quê?

_____

_____

16 Sobre os serviços públicos, assinale as afirmativas corretas.

☐ Para melhor qualidade de vida, a população precisa contar com a oferta de serviços públicos.

☐ Os serviços públicos são administrados pelos governantes e pertencem a todos.

☐ Os serviços públicos são oferecidos somente em áreas urbanas.

☐ Os serviços públicos são mantidos com o dinheiro de impostos.

17 Cidadania é o conjunto de direitos de uma pessoa e os deveres aos quais está sujeita. A esse respeito, complete o quadro.

DIREITOS DO CIDADÃO	DEVERES DO CIDADÃO

18 Escreva qual é a importância do voto.

_____
_____
_____
_____

19 No Brasil, o voto é obrigatório para quais pessoas?

_____
_____
_____
_____

20 Observe as imagens e identifique as ações de cidadania representadas.

▶ Santaluz, Bahia, 2018.

▶ São Paulo, São Paulo, 2015.

▶ São José dos Campos, São Paulo, 2018.

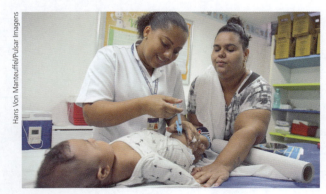
▶ Recife, Pernambuco, 2018.

Caderno de cartografia

Mapa-múndi: planisfério político

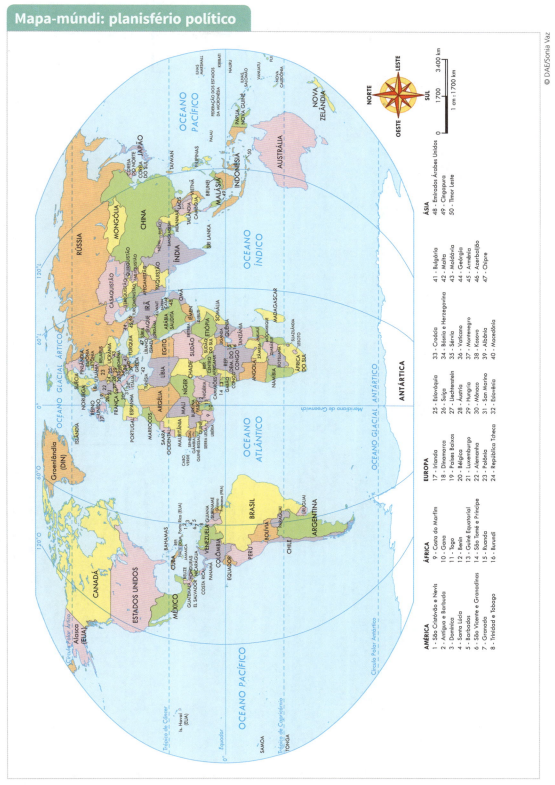

Fonte: *Atlas geográfico escolar*. 7. ed. Rio de Janeiro: IBGE, 2016. p. 32.

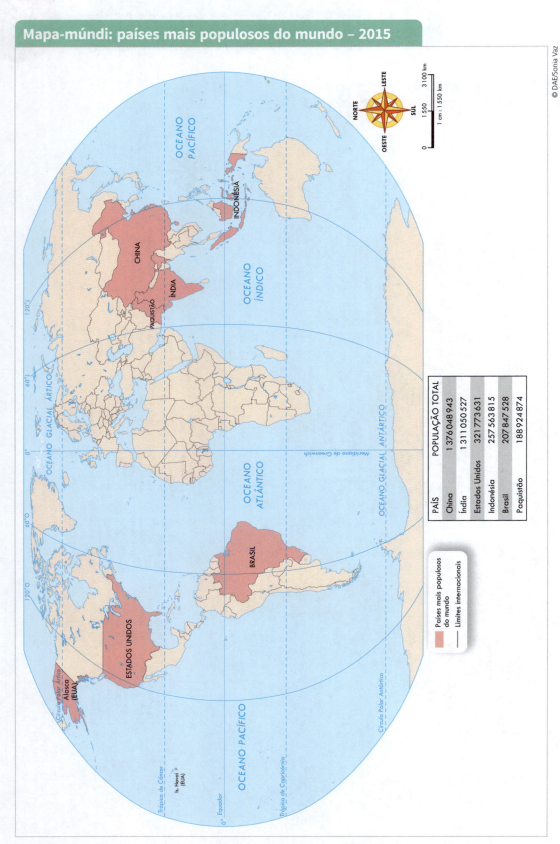

Fonte: *Atlas geográfico escolar*. 7. ed. Rio de Janeiro: IBGE, 2016. p. 69.

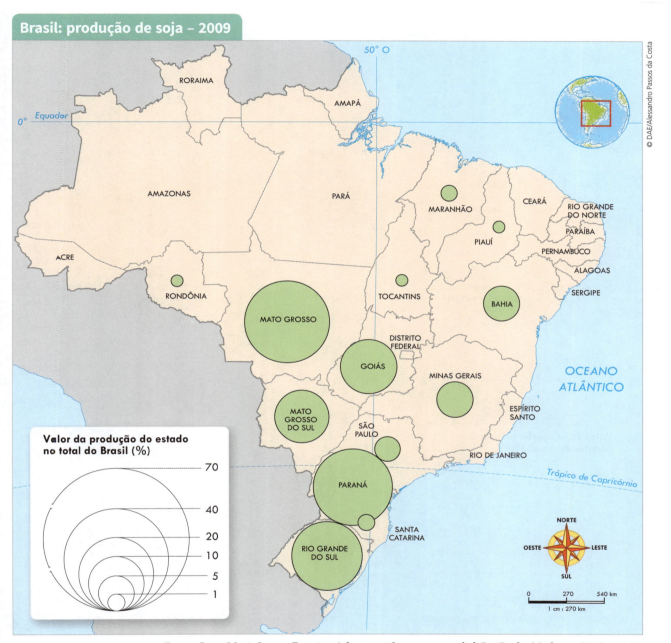

Fonte: Graça Maria Lemos Ferreira. *Atlas geográfico espaço mundial*. São Paulo: Moderna, 2010. p. 144.

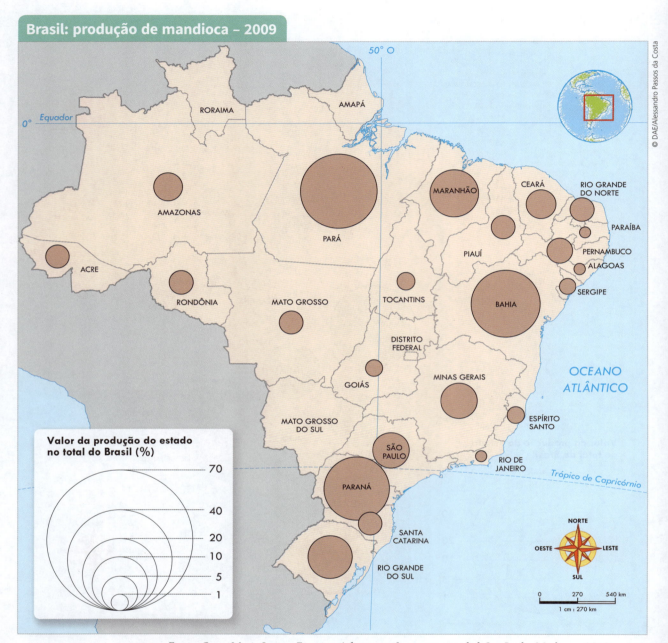

Fonte: Graça Maria Lemos Ferreira. *Atlas geográfico espaço mundial*. São Paulo: Moderna, 2010. p. 144.

Crescimento da área urbana – fotografias

▶ Entorno do Aeroporto de São Paulo/Congonhas, São Paulo, 1950.

▶ Entorno do Aeroporto de São Paulo/Congonhas, São Paulo, 2014.

Crescimento da área urbana – imagens de satélite

▶ Imagem de satélite da cidade de Campinas, São Paulo, 1984.

▶ Imagem de satélite da cidade de Campinas, São Paulo, 2016.

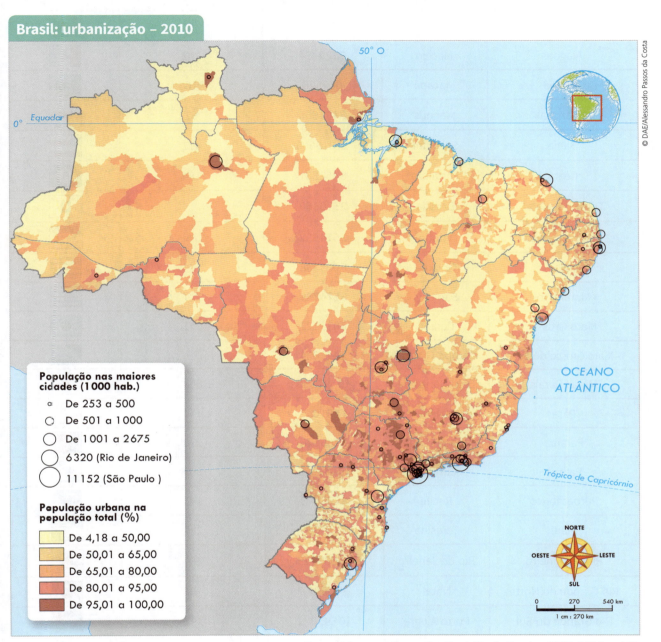

Fonte: *Atlas geográfico escolar*. 7. ed. Rio de Janeiro: IBGE, 2016. p. 145.

BRASIL: CARACTERÍSTICAS GERAIS DOS ESTADOS

Unidades da Federação	Capitais	População (2010)	Número de municípios	Bandeira
Acre	Rio Branco	733 559	22	
Alagoas	Maceió	3 120 494	102	
Amapá	Macapá	669 526	16	
Amazonas	Manaus	3 483 985	62	
Bahia	Salvador	14 016 906	417	
Ceará	Fortaleza	8 452 381	184	
Distrito Federal	Brasília	2 570 160	1	
Espírito Santo	Vitória	3 514 952	78	
Goiás	Goiânia	6 003 788	246	
Maranhão	São Luís	6 574 789	217	
Mato Grosso	Cuiabá	3 035 122	141	
Mato Grosso do Sul	Campo Grande	2 449 024	79	
Minas Gerais	Belo Horizonte	19 597 330	853	
Pará	Belém	7 581 051	144	
Paraíba	João Pessoa	3 766 528	223	
Paraná	Curitiba	10 444 526	399	
Pernambuco	Recife	8 796 448	185	
Piauí	Teresina	3 118 360	224	
Rio de Janeiro	Rio de Janeiro	15 989 929	92	
Rio Grande do Norte	Natal	3 168 027	167	
Rio Grande do Sul	Porto Alegre	10 693 929	497	
Rondônia	Porto Velho	1 562 409	52	
Roraima	Boa Vista	450 479	15	
Santa Catarina	Florianópolis	6 248 436	295	
São Paulo	São Paulo	41 262 199	645	
Sergipe	Aracaju	2 068 017	75	
Tocantins	Palmas	1 383 445	139	

Fonte: IBGE. Disponível em: <https://cidades.ibge.gov.br/>. Acesso em: maio 2019.

Encartes

Peças para a atividade da página 16.

1

2

3

Fotografias: João Prudente/Pulsar Imagens

Peças para a atividade da página 120.

Thiago Leite/Shutterstock.com

▶ Cidade de São Paulo, São Paulo.

Recortar

201

Mapa para a atividade da página 29.

Peças para a atividade da página 57.

▶ Chã Preta, Alagoas, 2015.

▶ Chã Preta, Alagoas, 2015.

▶ São Paulo, São Paulo, 2016.

▶ São Paulo, São Paulo, 2016.

▶ Juruaia, Minas Gerais, 2014.

▶ Juruaia, Minas Gerais, 2014.

▶ Campo Grande, Mato Grosso do Sul, 2015.

▶ Campo Grande, Mato Grosso do Sul, 2015.

▶ Bom Jesus da Serra, Bahia, 2015.

▶ Bom Jesus da Serra, Bahia, 2015.

▶ Poconé, Mato Grosso, 2015.

▶ Poconé, Mato Grosso, 2015.

Peças para a atividade da página 95.

Recortar